바늘과 실이 함께하는
앤틱 자수

바늘과 실이 함께하는

앤틱 자수

허연경 지음

팜파스

책의 첫 장에 부치는 글

십 년이 넘는 영국생활을 하면서 자연스럽게 오래된 것들에 애착을 가지게 되었습니다.
고풍스러운 도시의 분위기와 사람들의 영향이겠지요.
본격적으로 Royal School of Needlework에서 자수 공부를 시작하면서 앤틱 자수를 접할 기회를 얻게 되었습니다.

앤틱 자수는 다양한 모사와 면사 그리고 메탈사, 비즈, 진주 등을 이용하였고, 오랜 시간이 흘렀지만 고색창연함을 그대로 지니고 있었습니다.

지금부터 시작되는 작업들은 그 느낌에 저 나름의 감각을 실어 실과 바늘을 이용해 펼쳐 본 것입니다.

색다른 앤틱 자수로 유럽이 지니고 있는 깊이감 있는 고급스러움을 전하고 싶습니다.

자수와 함께하는 행복

취미에 깊이가 더해지면 다른 사람들과의 교감이 생기고, 함께 세상으로 나아갈 수 있는 계기가 됨을 알게 되었습니다.

새로운 기회를 열어주신 팜파스 이진아 실장님께 감사드립니다.
또한 가족과 공방식구, 책이 나오기까지 도움을 준 모든 분께 고마움을 전하고 싶습니다.

인내심이 필요하지 않는 공예가 어디 있겠습니까마는, 그중에서도 자수는 느린 미학의 결정체입니다.
한 땀 한 땀이 모여 선을 만들고, 선들이 조합되어 면이 됩니다. 더 나아가 입체가 만들어지면서 완성된다는 것이 재미를 느끼게 합니다. 내가 선택한 다양한 색상과 물성이 다른 실들은 손끝 감각을 풍부하게 해주며, 마음을 다스릴 수 있도록 도와주기도 합니다. 그 속에는 소소한 기쁨이 있고, 인내의 즐거움도 있습니다.

저를 찾아오시는 분께는 자수를 마무리할 즈음 본인의 이니셜을 남기도록 지도합니다.
작업의 완성도도 높아지지만 마무리와 함께 남기는 흔적에는 행복한 마음이 함께 수놓아지기 때문이지요.

contents

책의 첫 장에 부치는 글 • 5
자수와 함께하는 행복 • 7

Basic 01 도안과 색상 • 10
Basic 02 재료와 도구 • 11
Basic 03 자수 작업의 준비와 주의사항 • 14
　　　　　도안 옮기기
　　　　　실을 이용한 자수 시작과 매듭정리방법
　　　　　리본실의 매듭방법
Basic 04 자수 작업 시 중요한 팁 • 16
　　　　　광목 덧대기
　　　　　습자지로 자수 보호하기
　　　　　자수 작업 마감하는 방법
　　　　　자수 작업 세탁
Basic 05 이 책에서 주로 사용하는 자수기법 • 17

1 색으로 표현된 앤틱 자수

RED_Red English Rose 레드 잉글리시 로즈 • 29

ORANGE_Orange Basket 오렌지 바스켓 • 39

YELLOW_Yellow Cosy Blanket 옐로우 코지 블랭킷 • 45

GREEN_Green Herb Garden 그린 허브 가든 • 55

BLUE_Blue Sampler 블루 샘플러 • 69

NAVY_Navy Jacobean Flower 네이비 자코비안 플라워 • 79

PURPLE_Purple Cottage 퍼플 코티지 • 87

2 실용성이 가미된 앤틱 자수

Lady Diana • 99

Lovely Garden

_Hever Castle 히버 성 • 118

_Way back home 집으로 가는 길 • 120

_Le bassin aux nympheas 수련 • 122

For needlework

_바늘집 • 135

_서양식 실패 • 141

_가위집 • 147

_미니 핀 쿠션 • 155

Calender 달력

_꽃바구니 달력 • 160

_쏘잉 달력 • 162

Ornament 장식용 벽걸이 • 167

마치는 말 • 175

Basic 01
도안과 색상

자수를 처음 접한 곳이 유럽이었고, 제가 지향하는 자수 스타일 역시 유럽의 영향을 받았습니다. 도안과 색상을 잡을 때면 유럽의 앤틱 자수들과 영국의 공예가 윌리엄 모리스(Willliam Morris)의 작품으로부터 영감을 얻습니다.

도안책이나 빈티지 자수, 서적 또는 앤틱 숍에서 아이디어를 얻어 도안을 구상해보세요.

다음은 색상을 잡는 방법입니다.

1 잡지나 신문 등에서 원하는 느낌의 사진을 수집합니다.
2 사진에서 색을 찾아 스크랩합니다.
3 색상환표를 참고합니다.
4 메인(main), 서브(sub), 악센트(accent) 색상을 정합니다.
5 실색을 정합니다.
6 천 위에 테스트해봅니다.

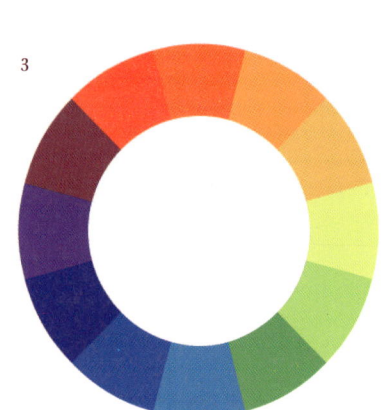
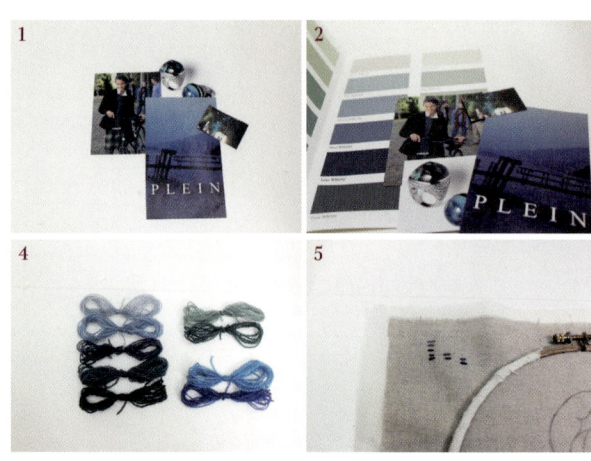

Basic 02

재료와 도구

원단
면, 마, 실크, 모직 등 다양한 원단이 사용됩니다. 단, 밀도가 균일한 원단을 추천합니다. 그래야 균일하고 반듯한 자수가 마무리되기 때문입니다. 수놓기 전 면이나 마는 선세탁을 하여 말린 후 다림질하여 사용합니다. 이 책에서는 원단의 측정 단위는 cm입니다.

자수실
다양한 자수실을 천의 종류와 도안에 따라 사용합니다. 실은 대부분 한 겹 사용을 원칙으로 합니다. 두 겹으로 사용할 부분은 따로 표시했습니다. 일반적으로 적합한 실의 길이는 45~50cm입니다. 길이가 짧으면 번거롭고, 반대로 길이가 길면 실 표면이 거칠어지기 때문입니다.

_면사
DMC사 이 실은 250년의 역사를 자랑하는 프랑스 회사가 생산하는 실로써 내구성과 광택이 우수합니다. 또한 구하기가 쉽다는 장점이 있습니다.
Anchor(앵커)사 280년 전통의 영국 Coats(코스트)사가 생산하는 면사입니다. DMC사보다 색감이 부드럽고 고급스럽지만, 한국에서 실을 구하기 쉽지 않은 단점이 있습니다.

_모사
Appleton(애플톤) 180년 동안 생산되어온 영국의 모사로 4겹과 2겹의 양질의 실을 생산합니다. 모사는 앤틱 자수와 가장 어울리는 소재의 실로 수놓기에 편리하고, 빠른 속도감이 특징입니다.
Rosa(로사) 패션 메이드라는 한국 업체가 자체 개발한 복합사입니다. 수놓기에 적당한 두께와 함께 적당한 내구성을 가지고 있습니다.

_다양한 손 염색실
실의 종류를 가리지 않고 손 염색실들은 독특한 매력이 있습니다. 불규칙한 염색이 수를 놓았을 때 자연스럽고 은은한 색감을 줍니다. 빈티지한 맛을 표현하기에 적합한 실 종류입니다.
Bella Lusso(벨라 로소) 독일에서 손 염색한 실입니다.
Valdani(발다니) 캐나다 회사에서 생산하는 호주산 손 염색 모사입니다.

_메탈실
앤틱 자수의 화려함과 중후함을 잘 표현해줍니다. 금사, 은사, goldwork(골드 워크, 금세공)에 사용되는 다양한 금속들, 비즈나 씨퀸들이 자수의 깊이를 더하여 줍니다. 메탈실은 동양자수 실을 취급하는 곳이나 퀼트 숍에서 구입이 가능합니다.

Basic 02

_리본
리본 역시 포인트를 주거나 자수 작업의 재미를 더할 경우 사용합니다. 일본 Mokuba(모쿠바)의 리본은 세탁이 가능합니다.

_퀼트실과 투명사
섬세한 부분을 수놓을 때에는 일반 퀼트 실을 많이 사용합니다. 창살 표현이나 실 뭉치를 표현할 때를 예로 들 수 있지요. 투명사는 단추나 소품 비즈를 부착할 때 사용합니다.

소품
자칫 단조로워 질 수 있는 부분에 퀼트나 액세서리 숍에서 구할 수 있는 소품을 이용해 입체감을 더해줍니다.

바늘
사용하는 실의 굵기에 따라 유동성 있게 사용합니다. 바늘은 번호가 커지면 귀와 몸통이 작아지고 얇아진다는 사실을 주의하세요. 주로 모사를 사용할 때에 chenille needle(셔닐 니들) #22~#28번을 사용하고, 면사를 사용할 때에는 embroidery needle(자수바늘) #3~#9번을 사용합니다.
일반적으로 자수용 바늘은 크게 4가지로 분류합니다.

beading needle
chenille needle
crewel needle
(embroidery needle)
miliners needle
tapestry needle

Basic 02

Orewel needle(크루웰 니들, 털실자수바늘) 귀가 길고 끝이 뾰족해서 모든 자수에 적합합니다. embroidery needle(자수바늘)이라고도 부릅니다.
Tapestry needle(태피스트리 니들) 귀가 크고 끝이 둥글어 십자수나 캔버스 워크에 적합합니다.
Chenille needle(셔닐 니들) 길고 큰 귀와 뾰족한 바늘 끝이 특징입니다. 리본 자수에 많이 사용합니다.
Miliners needle(밀리너스 니들) 전통적인 모자작업에 필요한 바늘입니다. 자수에서는 bullion stitch(불리온 스티치)나 french knot stitch(프렌치 노트 스티치)에서 사용합니다.

후프와 프레임
자수 시 원단을 팽팽하게 잡아주는 자수틀입니다. 둥근 모양의 후프와 사각의 프레임 형태가 있으며, 개인의 취향대로 선택하면 됩니다. 후프를 사용할 때 저는 일반적인 경우와는 달리 바깥쪽에 얇은 면 원단을 감아 자수하는 천의 미끄러짐을 막습니다.

도안을 옮기는 도구
초크 페이퍼, 먹지 도안을 천에 베낄 때 사용하며, 초크가 한쪽에 묻어 있는 수용성 종이가 좋습니다. 먹지의 경우 구하기는 쉽지만 수를 놓은 후 도안이 잘 지워지지 않는 단점이 있습니다.
수용성 또는 기화성 펜 원단에 그림을 그리는 펜입니다. 물에 닿거나 공기에 접촉하면 일정시간이 지난 후 지워집니다.

가위
세 종류의 가위 사용을 권합니다. 종이전용 가위, 원단용 가위, 자수용 가위입니다.
종이전용은 흔히 우리가 접할 수 있는 가위입니다. 원단용 가위는 자르는 원단 단면을 깨끗하게 하기 위해, 조금 더 무겁고 사이즈가 큽니다. 자수용 가위는 끝이 뾰족하고 작으며 가볍습니다. 세 가위를 고를 때 가장 중요한 점은 절사력입니다.

Basic 03
자수 작업의 준비와 주의사항

도안 옮기기

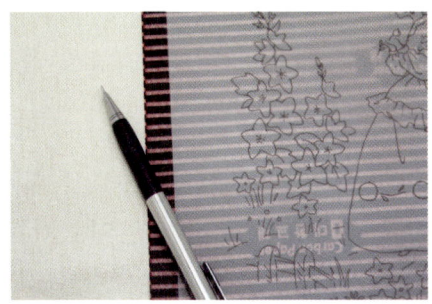

실을 이용한 자수 시작과 매듭 정리 방법

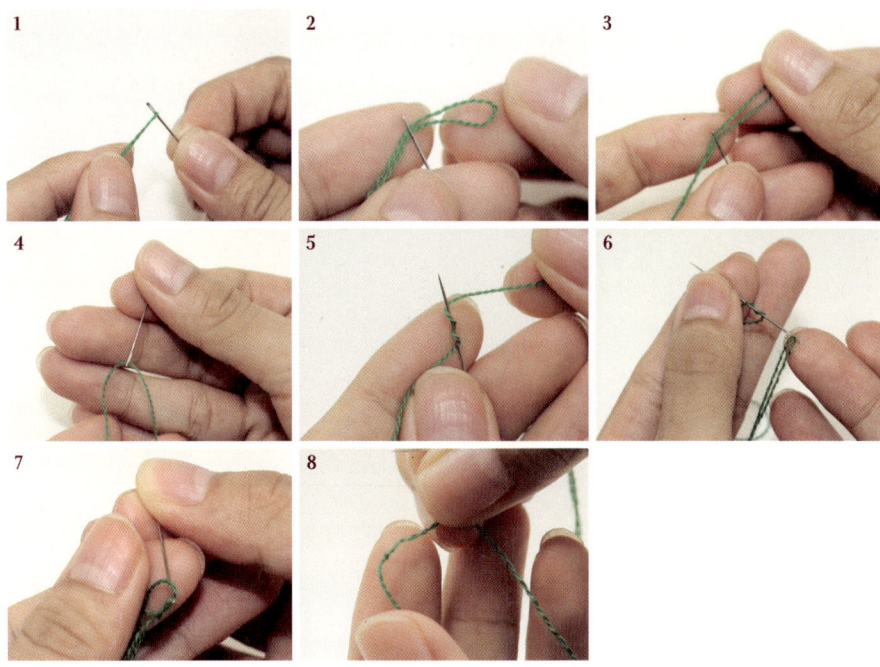

Basic 03

리본실의 매듭 방법

1   바늘 끼우기
2   바늘 머리에 리본 고정 방법
3   리본 매듭 방법은 퀼트실 매듭과 동일합니다.

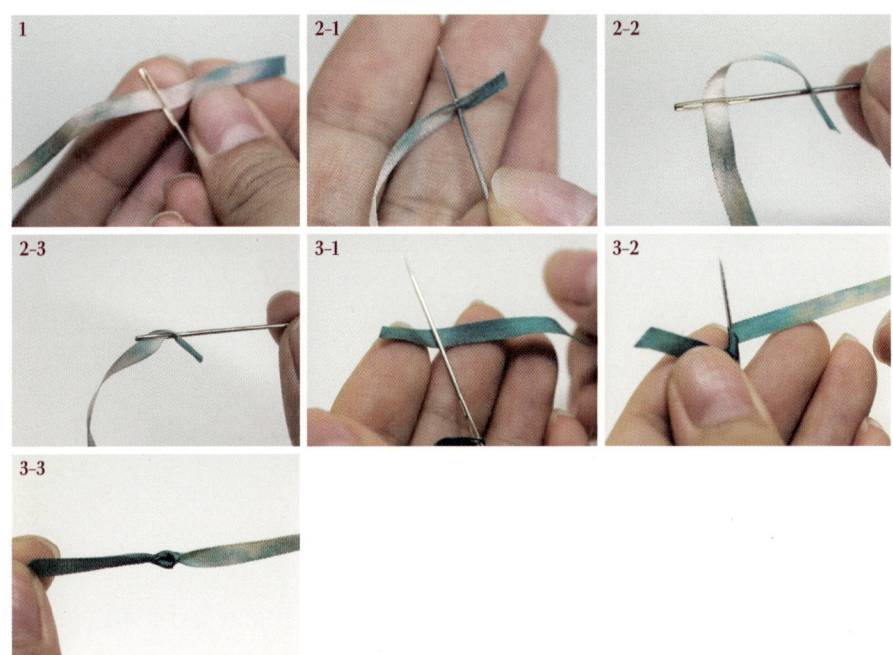

Basic 04
자수 작업 시 중요한 팁

광목 덧대기

자수를 놓을 때 아래에 광목을 한 장 덧대서 수놓습니다. 오랜 시간이 지나도 자수의 형태가 변함이 없고, 수놓을 때 천이 힘을 받아 안정감 있는 자수를 즐길 수 있기 때문입니다.

습자지로 자수 보호하기

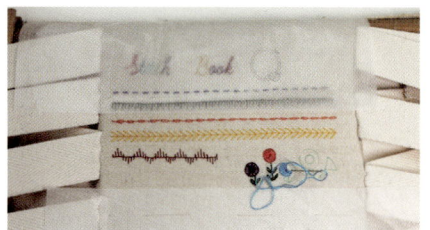

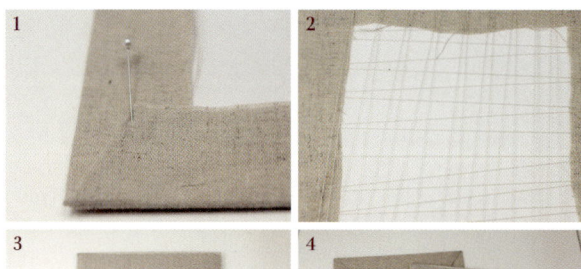

자수 작업 마감하는 방법

두꺼운 종이 위를 감싸 자수 작업을 마무리하는 방법입니다.

자수 작업 세탁

다양한 종류의 실로 구성된 작업은 세탁이 쉽지 않습니다. 미지근한 물의 중성세제를 사용하여 손 세탁 후 뒤집어, 환기가 잘 되는 그늘에 말립니다. 완전히 건조되기 전에 손으로 세탁물의 구김을 당겨서 제거한 후, 습기가 남아 있을 때 다리미로 다려줍니다. 실크와 모직의 경우는 세탁전문가의 손을 빌려야 합니다.

Basic 05
이 책에서 주로 사용하는 자수기법

백 스티치 *back stitch*

선을 표현합니다.

새틴 스티치 *satin stitch*

좁은 규칙적인 면을 메꿀 때 사용합니다.

롱앤드쇼트 스티치 *long&short stitch*

불규칙적이거나 넓은 면을 자연스럽게 표현할 때 사용합니다.

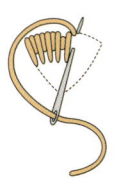 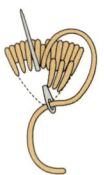 

Basic 05

프렌치 노트 스티치 *french knot stitch*
작은 점을 표현합니다.

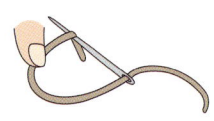 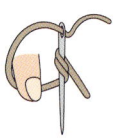 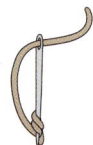

 Tip miliners needle 사용을 권합니다.

체인 스티치 *chain stitch*
두께감이 있는 선을 표현하기에 적당합니다.

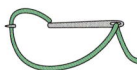  

크로스 스티치 *cross stitch*
강조할 부분이나 면에 포인트를 줄 때 사용합니다.

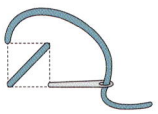

Basic 05

버튼홀 휠 스티치 *buttonhole wheels stitch*

버튼홀 스티치의 변형입니다. 꽃을 표현하기에 적합합니다.

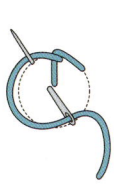 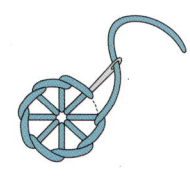 

아우트라인 스티치 *outline stitch*

선 표현을 합니다.

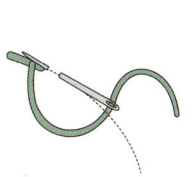 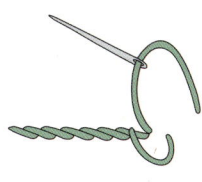 

카우칭 스티치 *couching stitch*

긴 선을 자연스럽게 표현할 때 사용합니다.

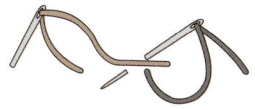  

Basic 05

새틴앤드다이아그널 필링 스티치 *satin&diagonal filling stitch*

넓은 부분을 새틴 스티치 후 다른 색의 실로 기하학적 포인트를 줄 때 사용합니다.

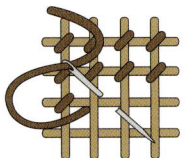 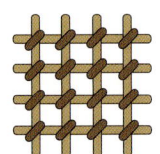

불리온 스티치 *bullion stitch*

실을 여러 번 감아 입체적으로 표현하는 기법입니다.

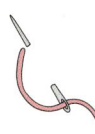  

 반드시 miliners needle을 사용합니다.
실의 특징에 따라 다르지만 일반적으로는 시계방향으로 실을 감습니다.

불리온 로즈 스티치 *bullion rose stitch*

입체적인 포인트를 주거나 장미를 표현하기에 좋은 기법입니다.

Basic 05

버튼홀 바 스티치 *buttonhole bar stitch*

꽃의 가장자리를 입체적으로 표현할 때 사용합니다.

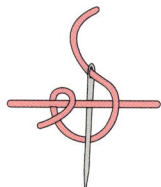 

페더 스티치 *feather stitch*

선을 부피감 있게 표현합니다.

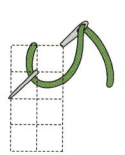 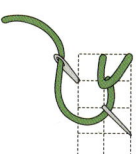 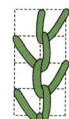

스트레이트 스티치 *straight stitch*

가장 기본적인 선 표현 방법입니다.

Basic 05

위빙 스티치 *weaving stitch*

바스켓이 짜여 있는 모습을 실을 교차하여 표현하는 기법입니다.

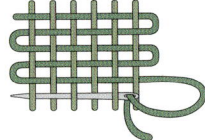 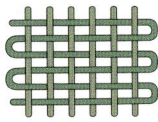

레이지데이지 스티치 *lazy-daisey stitch*

꽃잎을 표현하는 기법입니다.

휘프트 스파이더 웹 로즈 스티치 *whipped spider web rose stitch*

꽃을 입체적으로 표현하는 기법입니다.

Basic 05

휘프트 스티치 *whipped stitch*
한 가지 스티치 위에 다른 실을 감아 표현하는 기법입니다.

우븐 피코 스티치 *woven picots stitch*
입체감 있는 꽃과 잎을 표현하는 기법입니다.

피스틸 스티치 *pistill stitch*
꽃의 술 모양을 표현하기에 적합한 스티치입니다.

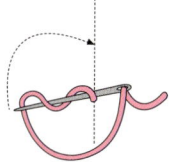 

Basic 05

클로즈드 플라이 스티치 *closed fly stitch*

플라이 스티치의 변형으로 잎을 표현할 때 사용하는 기법입니다.
잎이 짜여 있는 모습을 실을 교차하여 표현하는 기법입니다.

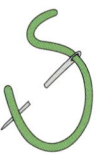  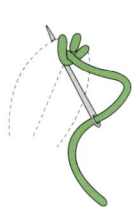 

휘프트 새틴 스티치 *whipped satin stitch*

면 부분을 강조하거나 무늬를 만들 때 사용하는 기법입니다.

Basic 05

프렌치 노트 앤드 러닝 스티치 *French knot & running stitch*

리본으로 꽃을 표현할 때 많이 쓰는 효과적인 기법입니다.

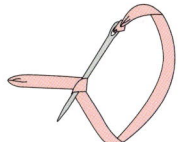 

리본 스티치 *ribbon stitch*

리본자수의 꽃이나 잎을 표현하는 기본적인 기법입니다.

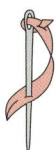

출간을 의뢰받았을 때 제일 먼저 고려했던 것은
책의 주제였습니다.
어떻게 하면 색의 다양함을 보여줄 수 있을까에 대해
깊은 고심 끝에 제가 선택한 것은 '무지개'였습니다.
비 온 뒤 지평선에 수놓아진 무지개는
하늘에 수놓아진 자수와 비슷하다고 생각했기 때문입니다.
그래서 빨주노초파남보의 순서대로 색을 선택해
도안을 잡아 수를 놓았습니다.

1

색으로 표현된 앤틱 자수

Red English Rose
레드 잉글리시 로즈

영국을 대표하는 튜더장미와 왕가의 왕관을
Red 계열의 실과 이를 극대화할 수 있는
메탈실을 이용하여 표현했습니다.
사실 goldwork(금세공)로 분류되는 메탈실 작업은
동양자수와 비슷한 부분이 많습니다.
메탈실이 들어간 자수는 색바램이 쉬우므로
그늘진 곳에 보관하는 것이 좋습니다.
또한 영국의 정통 금사들은 2%의 금이 함유되어 있어
색상이 아름답고 그 견뢰도가 높습니다.

To Prepare
준비

준비물

사용한 원단
- 30×30cm 리넨

사용한 실
- DMC ecru, 223, 502, 815, 816, 927, 930, 3051, 3354
- 다양한 금사종류

- 스팽글 고정용 투명사

사용한 바늘
- embrodidary 8
- chenille 20
- 비즈바늘

- 스팽글과 비즈

사용한 자수기법

백 스티치, 블리온 스티치, 새틴 스티치, 스트레이트 스티치, 카우칭 스티치, 크로스 스티치

이 작품의 자수 놓는 순서 요약

1. DMC로 수놓습니다.
2. 금사로 포인트를 줍니다.
3. 비즈나 스팽글로 장식합니다.

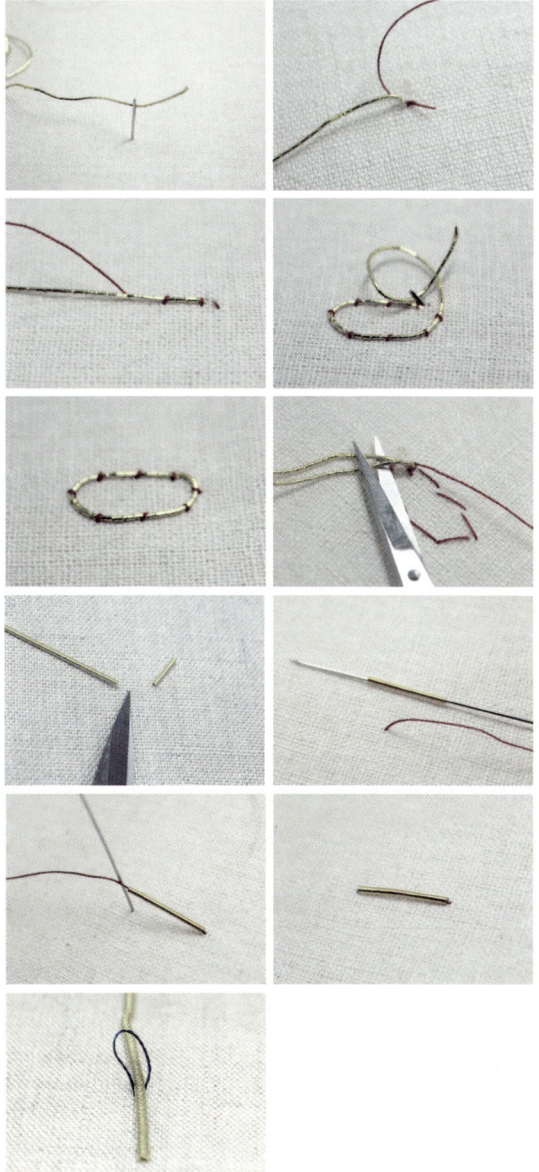

Tip 다양한 금사실 수놓는 방법

To Embroider
수놓는 법

왕관

1 제시된 결 방향에 따라 DMC실로 새틴 스티치합니다. 왕관의 제일 아래 부분은 사선으로 새틴 스티치를 한 후, 두 겹의 같은 색 실로 백 스티치로 선을 정리합니다.

2 ecru 색으로 불리온 스티치를 한 후 왕관 윗부분의 흰색 포인트를 수놓습니다.

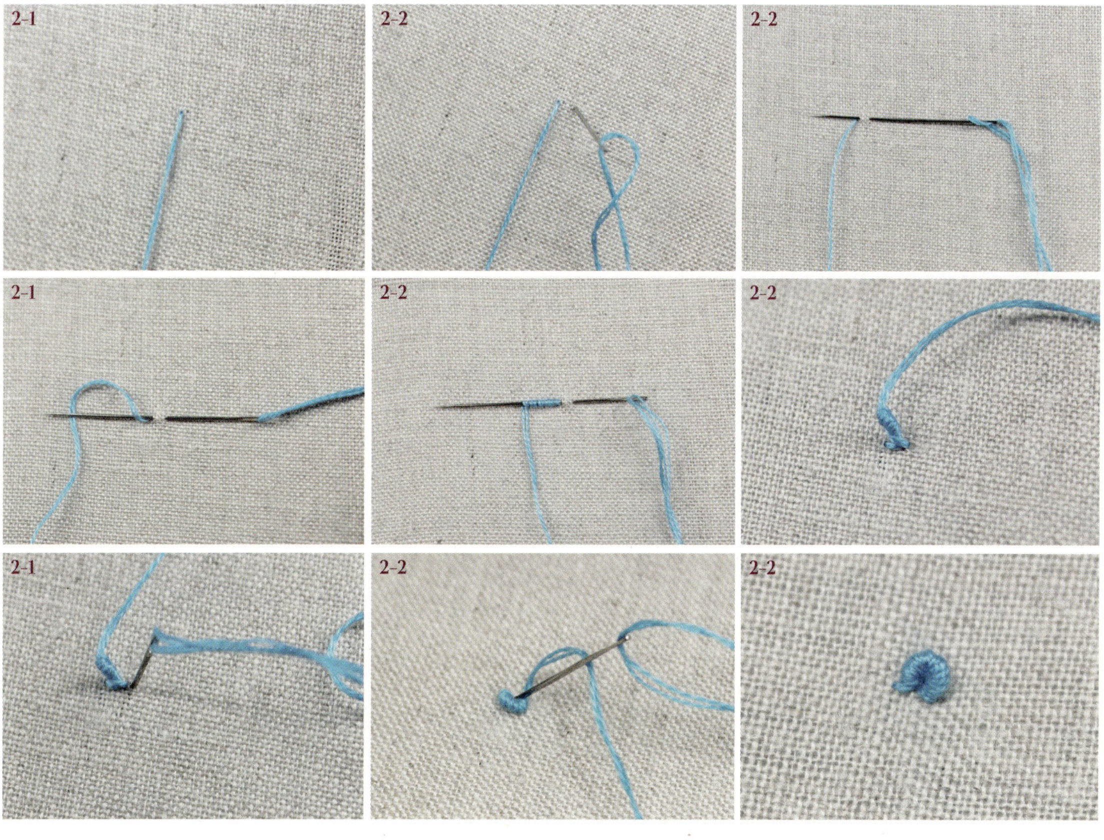

To Embroider
수놓는 법

3 비즈와 진주를 달아줍니다.

4 비즈로 사용할 메탈실을 1.2cm로 잘라줍니다.

5 메탈실로 포인트를 줍니다. 이때 부착하는 실은 투명사입니다. 부착하는 실이 투명사여서 사진에는 잘 보이지 않습니다.

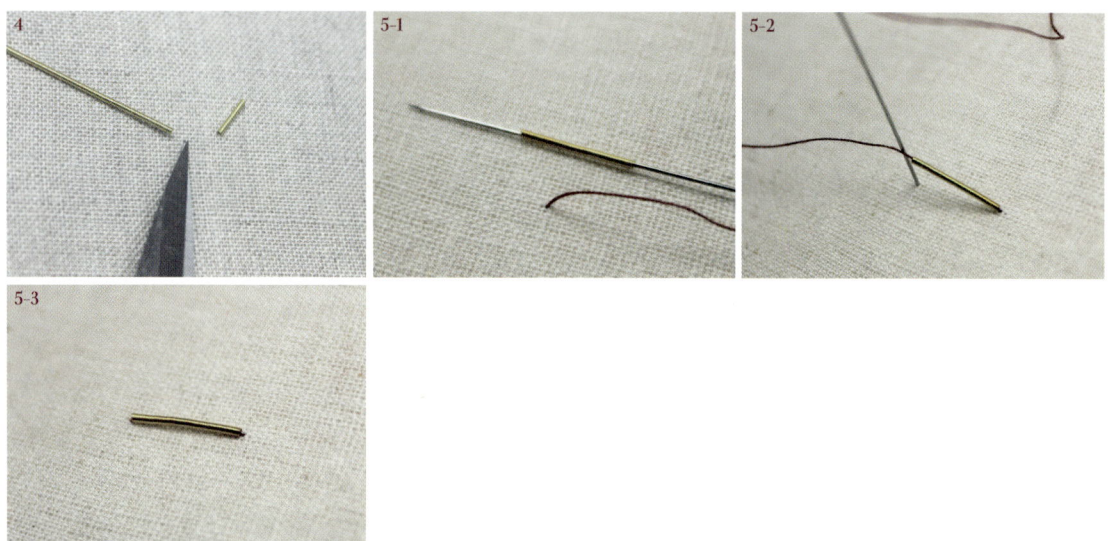

To Embroider
수놓는 법

장미

1. DMC실로 중심으로부터 장미 가장자리로 이동하며 수놓습니다. 먼저 결 방향을 표시한 후 수를 놓으면 편리합니다.
2. 카우칭 스티치로 꽃잎의 중앙 부분과 가장자리를 연결합니다.
3. 장미수술 부분을 백 스티치합니다.
4. 잎의 끝부분은 포인트로 스트레이트 스티치를 하여 장식효과를 줍니다.
5. 1로 완성된 가장자리를 금사로 카우칭 스티치를 합니다. 부착하는 실은 모두 투명사로, 사진에는 실색이 잘 보이지 않습니다.
6. 장미의 중앙 부분은 투명사로 금사 위를 카우칭합니다.
7. 스팽글을 달아줍니다.

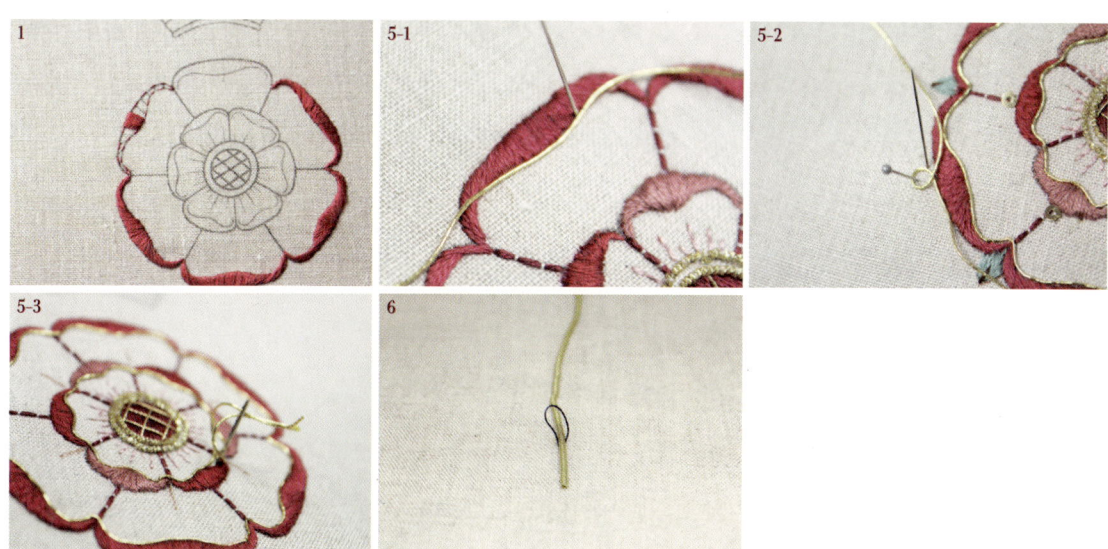

도안

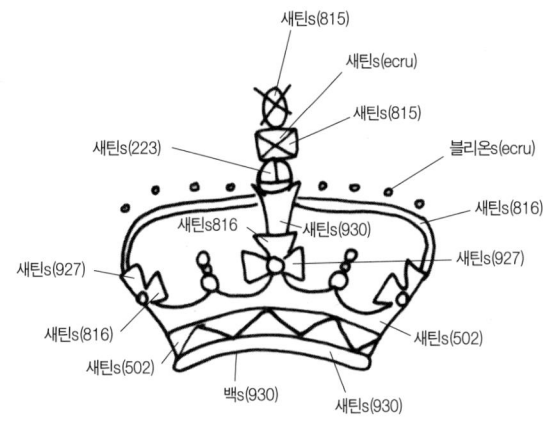
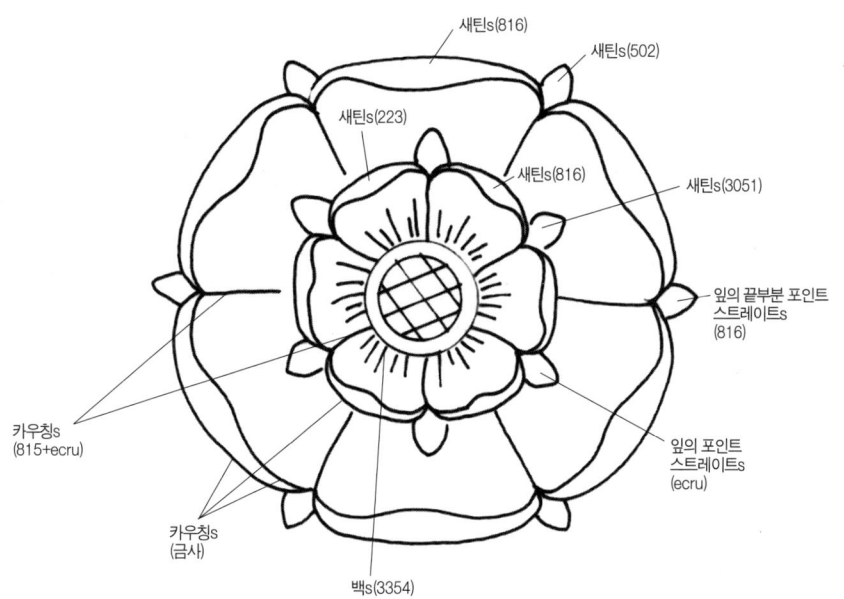

스티치 방향

Orange Basket
오렌지 바스켓

오렌지 빛이 주는 화려함과 DMC 그라데이션 5번사가 만나
빈티지한 느낌을 연출한 자수입니다.
이런 자수 스타일을 원한다면 원단은 두께감 있는 것으로 선택해야 합니다.
또한 둥근 모형자를 이용하면 패턴을 원단에 옮기기가 편합니다.

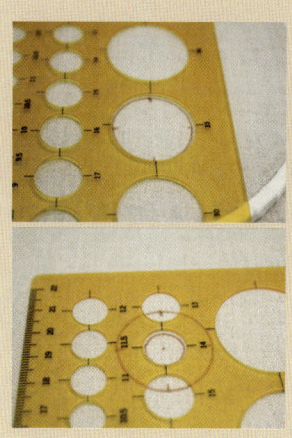

To Prepare
준비

준비물

사용한 원단
- 29×67cm 리넨 2장

사용한 실
- DMC pearl cotton(펄코튼) : 51, 90, 304, 433, 469, 3345

사용한 바늘
- chenille needle 22

사용한 자수기법

레이지 데이지 스티치, 백 스티치, 스트레이트 스티치, 크로스 스티치, 프렌치 노트 스티치, 휘프트 스파이더 웹 로즈 스티치

To Embroider
수놓는 법

1 뒷단은 덧대지 않습니다.

2 바구니는 한 겹으로 백스티치를 합니다.

3 꽃은 2가지의 DMC 5번(pearl cotton) 복합사로 휘프트 스파이더 웹 로즈 스티치를 합니다. 가이드라인을 스트레이트 스티치로 놓을 때 주의 사항이 있습니다. 꽃을 수놓을 때에는 단단히 당겨가며 수놓습니다. 당김이 약하면 완성 시 꽃이 풀어집니다.

4 꽃 중앙은 프렌치 노트 스티치로 1회 감습니다.

5 잎은 두 가지 색으로 레이지데이지 스티치와 백 스티치를 합니다.

마무리_러너 만들기

27×65cm로 자수가 놓인 천을 마름질합니다. 준비된 다른 천과 겉과 겉을 마주한 후, 박아서 뒤집습니다. 이때 창구멍은 15cm 내외가 적당하며, 마지막에는 이 부분을 공그르기 합니다.

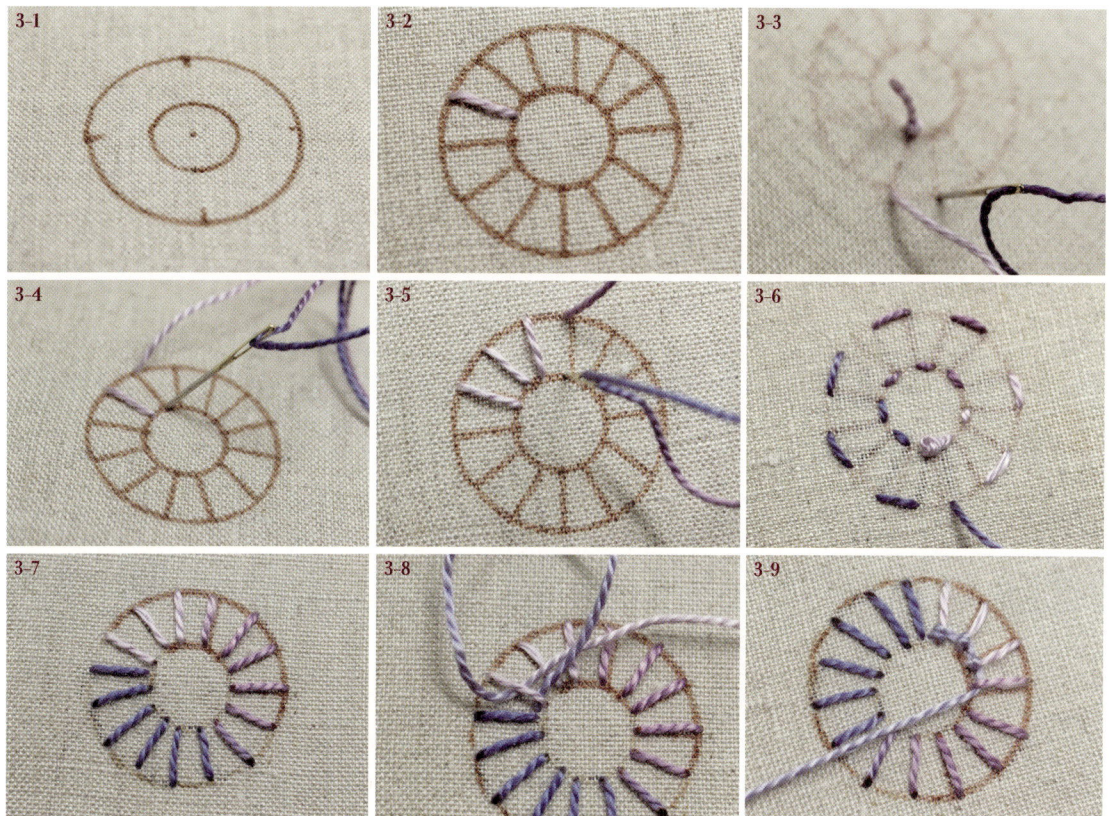

도안

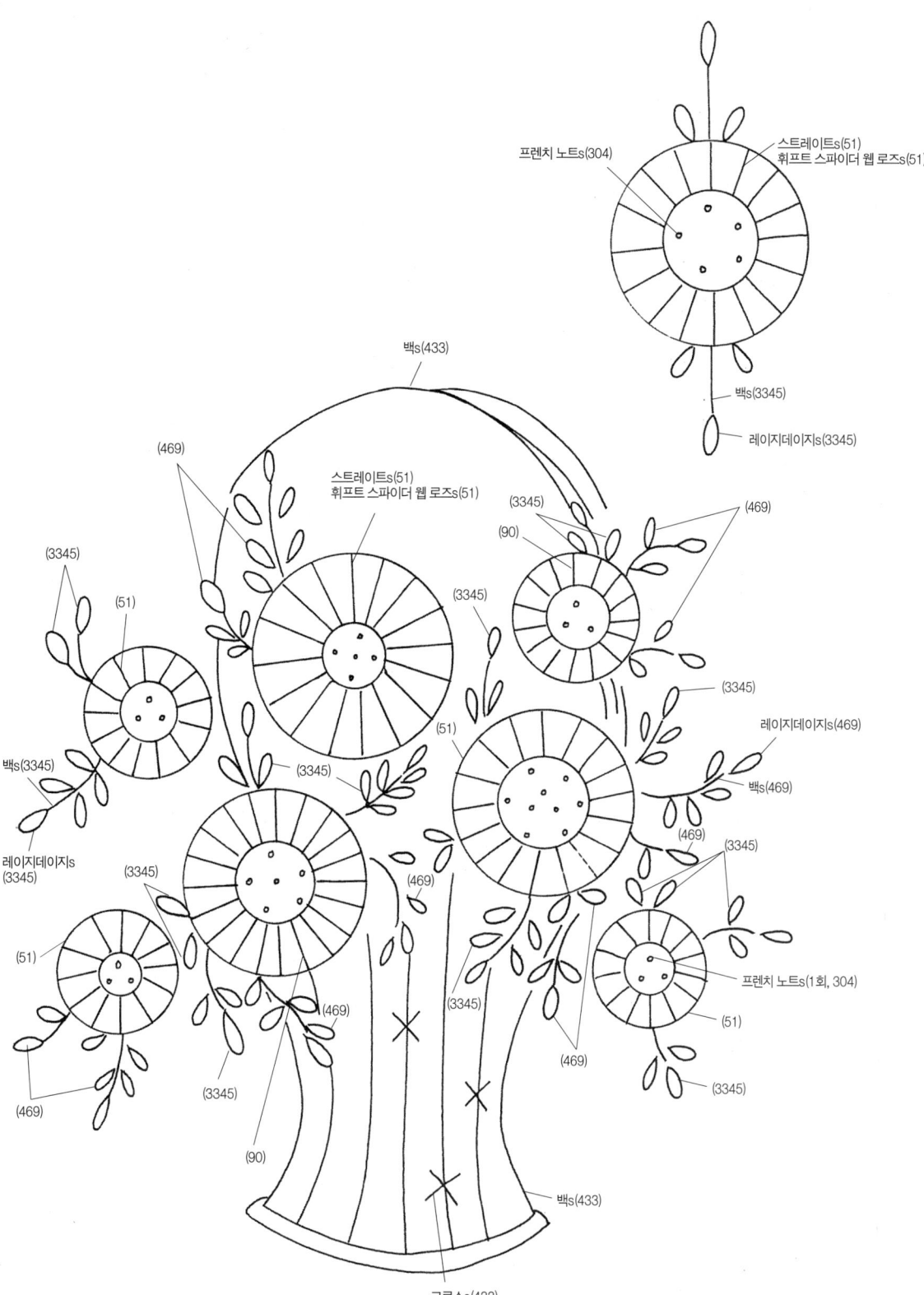

YELLOW

Yellow Cosy Blanket
옐로우 코지 블랭킷

따스함을 전해주는 노란색을 위해
바닥용 원단 또한 모직으로 준비하였습니다.
추운 겨울을 따뜻하게 보낼 무릎담요 한 장 준비하면 어떨까요?
DMC의 태피스트리 모사를 이용하여 볼륨감을 주었습니다.

To Prepare
준비

준비물

사용한 원단
- 80×110cm 두께감이 있는 모직, 뒷감용 면 원단 각각 1장씩
- 폭 4mm, 길이 380cm 모직 바이어스

사용한 실
- DMC tapestry : 7055, 7056, 7058, 7059, 7362, 7384, 7801
- Appleton : 546

사용한 바늘
- chenille18

사용한 자수기법

백 스티치, 불리온 스티치, 불리온 로즈 스티치, 위빙 스티치, 페더 스티치, 프렌치 노트 스티치

To Embroider
수놓는 법

모직 원단을 선택한 경우 실을 튼튼히 매듭짓습니다. 그래야만 실이 밖으로 빠져나오지 않습니다. 자수를 놓을 때는 중앙부터 시작하여 좌우대칭이 되도록 수놓습니다.

1 바구니를 위빙 스티치로 수놓습니다.

2 장미는 시계바늘 방향으로 실을 13회 감는 블리온 스티치를 8번 하여 블리온 로즈 스티치를 완성합니다.

To Embroider
수놓는 법

To Embroider
수놓는 법

3 잎과 줄기는 레이지데이지 스티치, 페더스티치, 백 스티치로 수놓습니다.

마무리

모직 바이어스로 원단의 가장자리를 감싸 동일한 바이어스와 동일한 실로 홈질합니다.

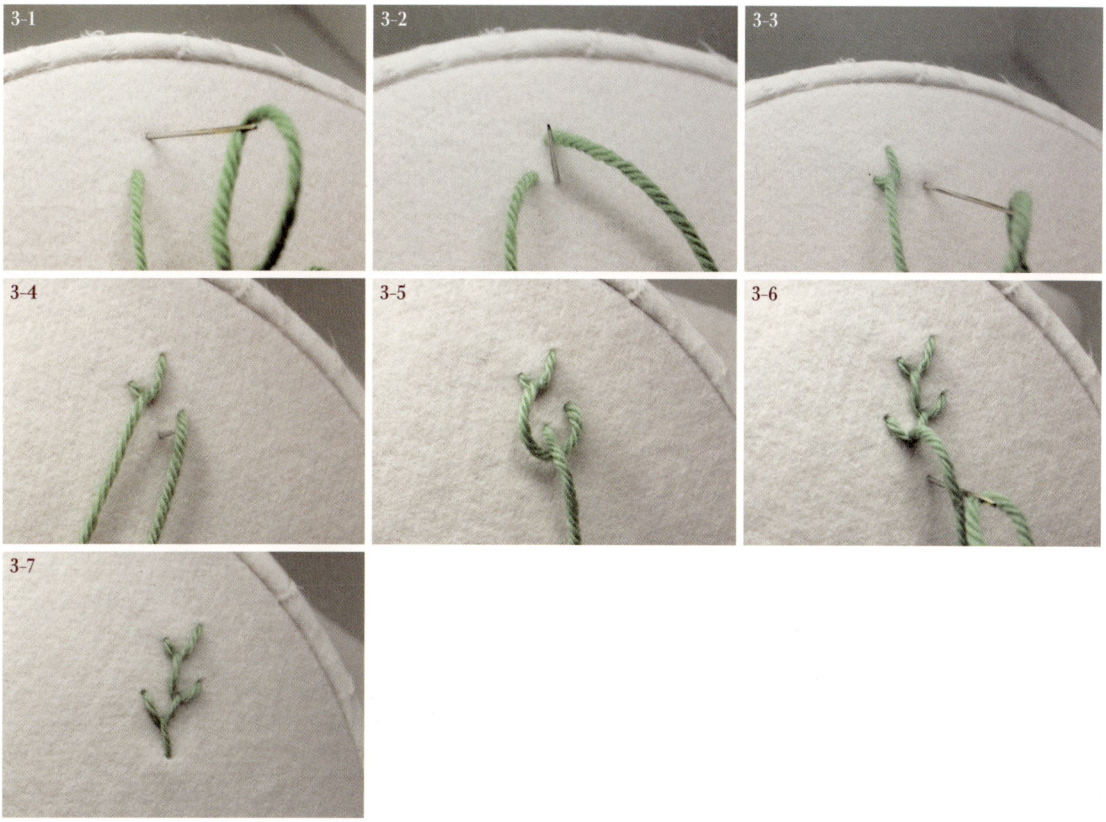

도안

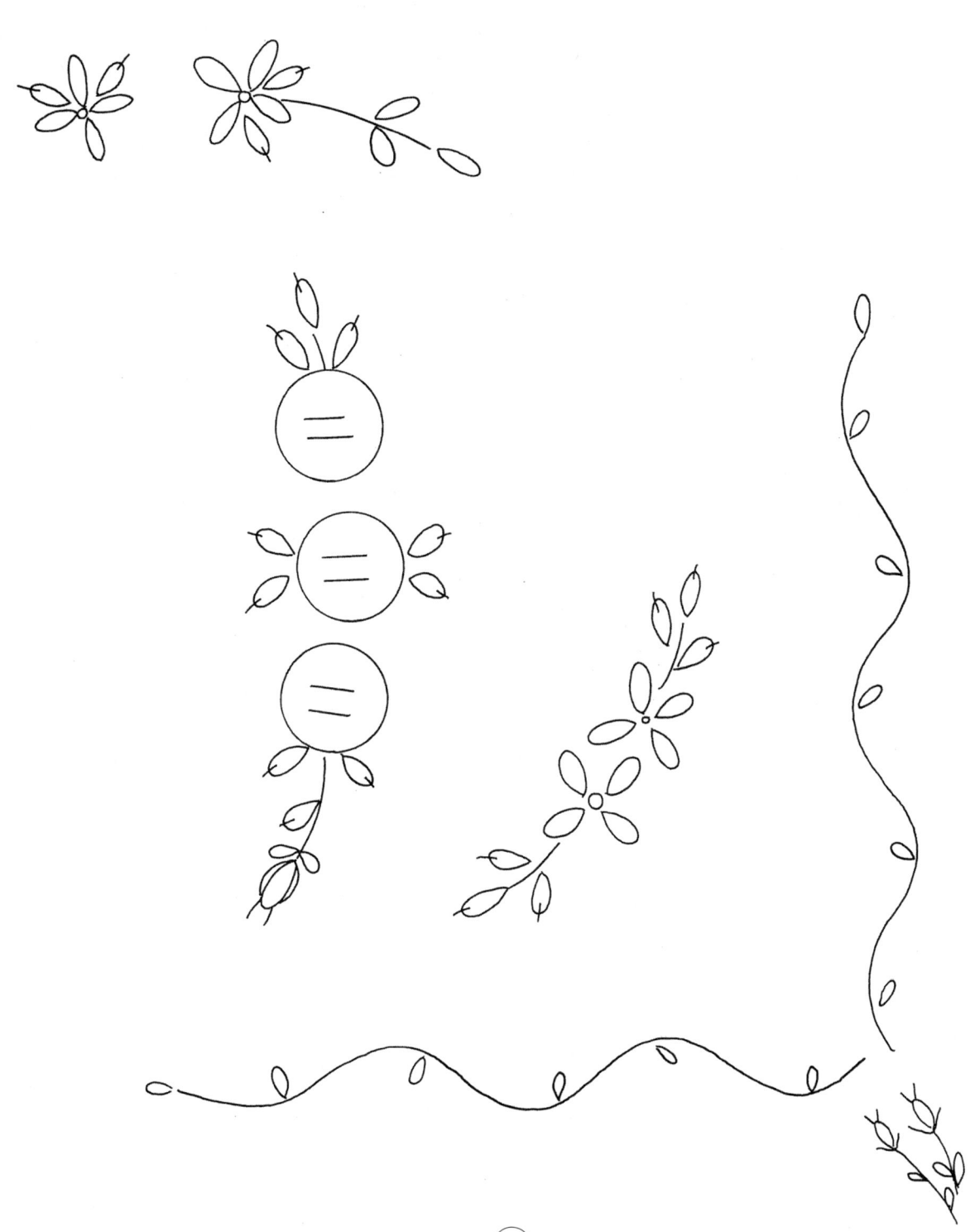

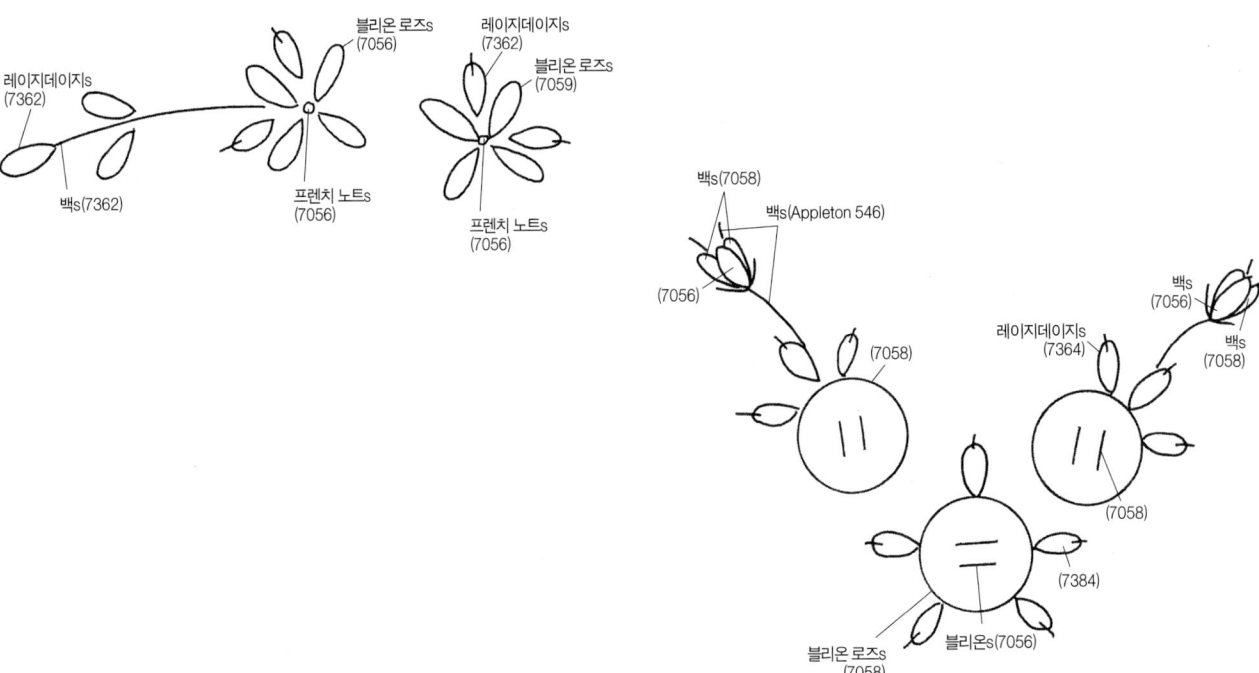
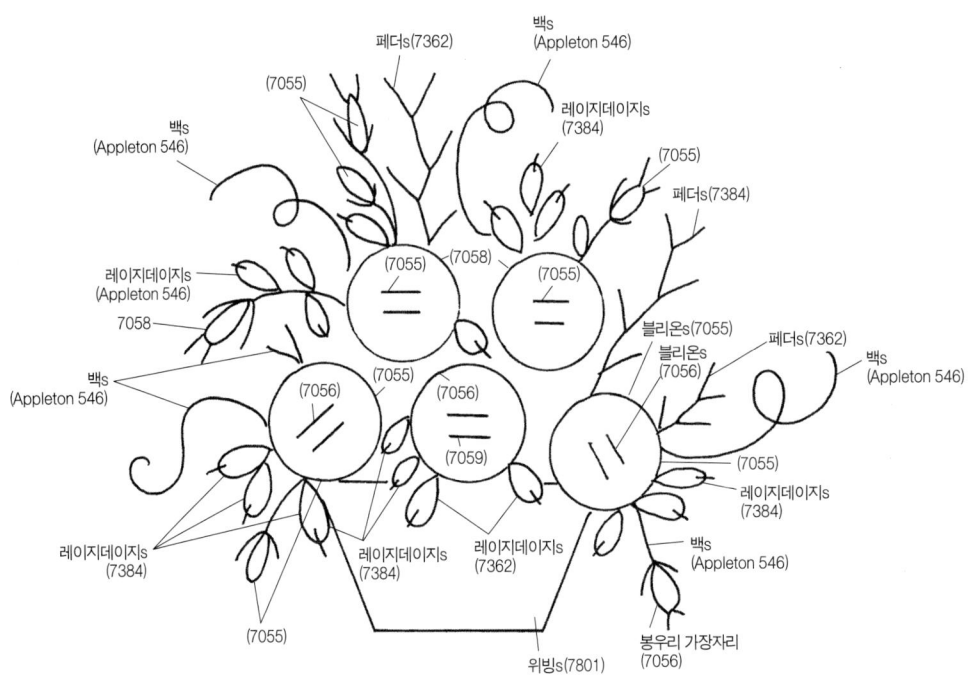

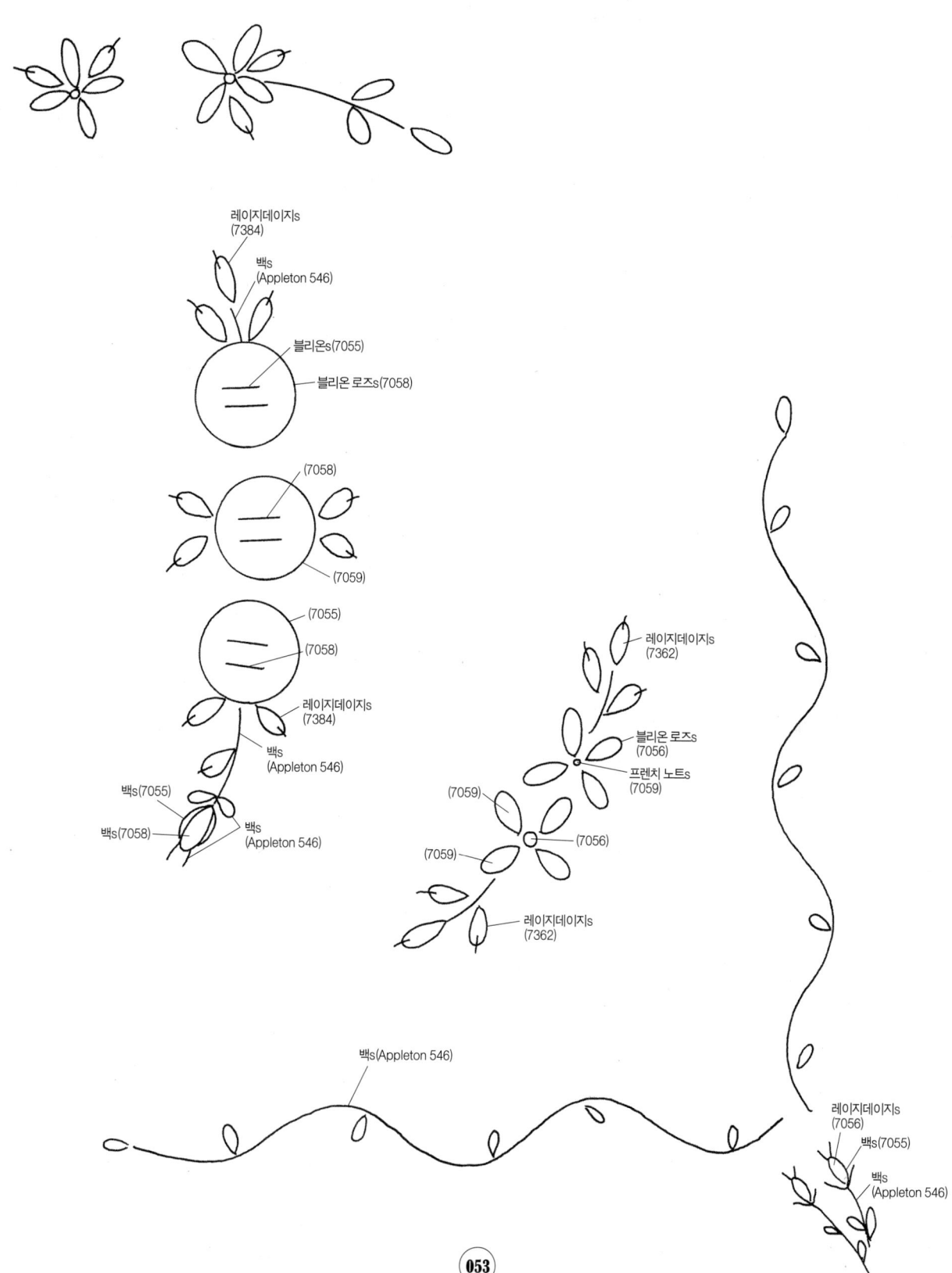

creep

tweet

Green Herb Garden
그린 허브 가든

녹색은 우리의 눈을 편안하게 안정시킵니다.
허브도 같은 효능이 있지요.
저는 두 가지의 특징을 살려 허브가든을
DMC 녹색실과 Mokuba 리본으로 표현했습니다.
자수만으로는 한정된 느낌을 보완하기 위해 소품도 사용합니다.
액자로 완성하거나 허브 하나하나를 소품에 응용해도 좋고
앞치마로 만들어도 좋습니다.

To Prepare
준비

준비물

사용한 원단
- 62×80cm 리넨

사용한 실
- Anchor 멀티(Anchor multi) : 1355
- DMC : 화이트, 561, 742, 890, 905, 3041, 3740, 3743, 3845
- Mokuba : 1542-12, 1542-13, 1542-7
- 검은색 퀼트실, 투명사

사용한 바늘
- embroidery needle8, chenille needle18

- 액세서리

사용한 자수기법

레이지 데이지 스티치, 리본 스티치, 백 스티치, 새틴 스티치, 스트레이드 스티치, 카우칭 스티치, 크로스 스티치, 프렌치 노트 스티치

To Embroider
수놓는 법

도안의 번호는 왼쪽 상단부터 시계방향으로 1~5번입니다. 수놓는 순서는 도안번호를 기준으로 4→1→2→3→5번 순으로 놓습니다.

먼저 중앙부터 가장자리로, 리본은 마지막으로 순번을 정합니다.

4번

1 줄기는 두 겹으로 백 스티치를 합니다.

2 꽃받침은 두 개의 바늘에 한 겹의 실과 두 겹의 실을 각각 준비합니다. 먼저 두 겹의 실로 도안을 따라 스트레이트 스티치합니다.

3 그 위를 한 겹의 실로 카우칭 스티치를 0.3mm 간격으로 카우칭합니다.

4 잎은 한 겹으로 스트레이트 스티치를 해줍니다.

5 꽃은 두 겹으로 크로스 스티치를 합니다.

3-1

3-2

3-3

3-4

To Embroider
수놓는 법

1번

줄기를 백 스티치한 후 잎은 새틴 스티치로, 꽃은 두 겹의 실로 크로스 스티치를 합니다.

2번

1 서너 가지 색이 함께 염색된 실 한 겹으로 줄기와 잎을 백 스티치를 합니다.

2 꽃 중심은 한 겹의 실로 2~3회 프렌치 노트 스티치를 합니다.

2 검은색 퀼트실 한 겹으로 꽃 중앙에 스트레이트 스티치를 해줍니다.

To Embroider
수놓는 법

3번

1 줄기 부분은 두 겹의 면사로 백 스티치를 합니다.

2 꽃은 두 가지 색으로 프렌치 노트 스티치, 레이지데이지 스티치를 합니다.

3 잎은 리본으로 리본 스티치를 해줍니다.

To Embroider
수놓는 법

5번

1 줄기는 두 겹으로 백 스티치를 합니다.

2 꽃은 리본으로 스트레이트 스티치를 한 후, 잎은 리본으로 리본 스티치를 합니다.

To Embroider
수놓는 법

3 리본을 좀 더 자연스럽게 표현하기 위한 방법으로는 풀을 사용하거나 실을 사용해 고정시키는 방법이 있습니다.

To Embroider
수놓는 법

4 거미줄은 검은색 퀼트실로 카우칭 스티치를 한 후 비즈로 몸통을 표현하고, 다리와 눈은 검은색 퀼트실로 스트레이트 스티치와 프렌치 노트 스티치를 합니다.

6 준비된 소품을 투명사로 고정합니다.

7 알파벳이나 소품을 설명하는 무늬는 한 겹의 실로 백 스티치합니다.

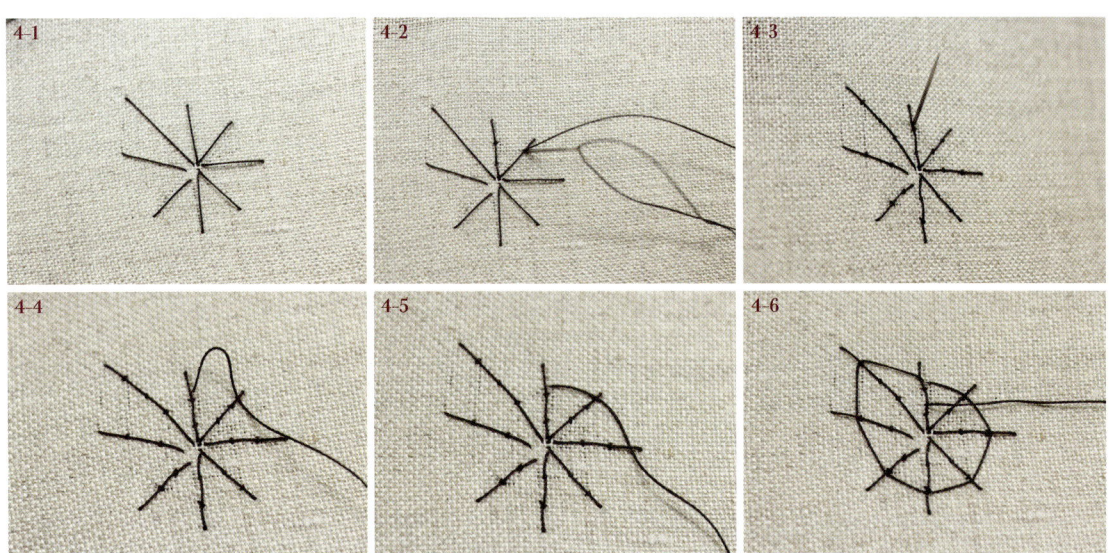

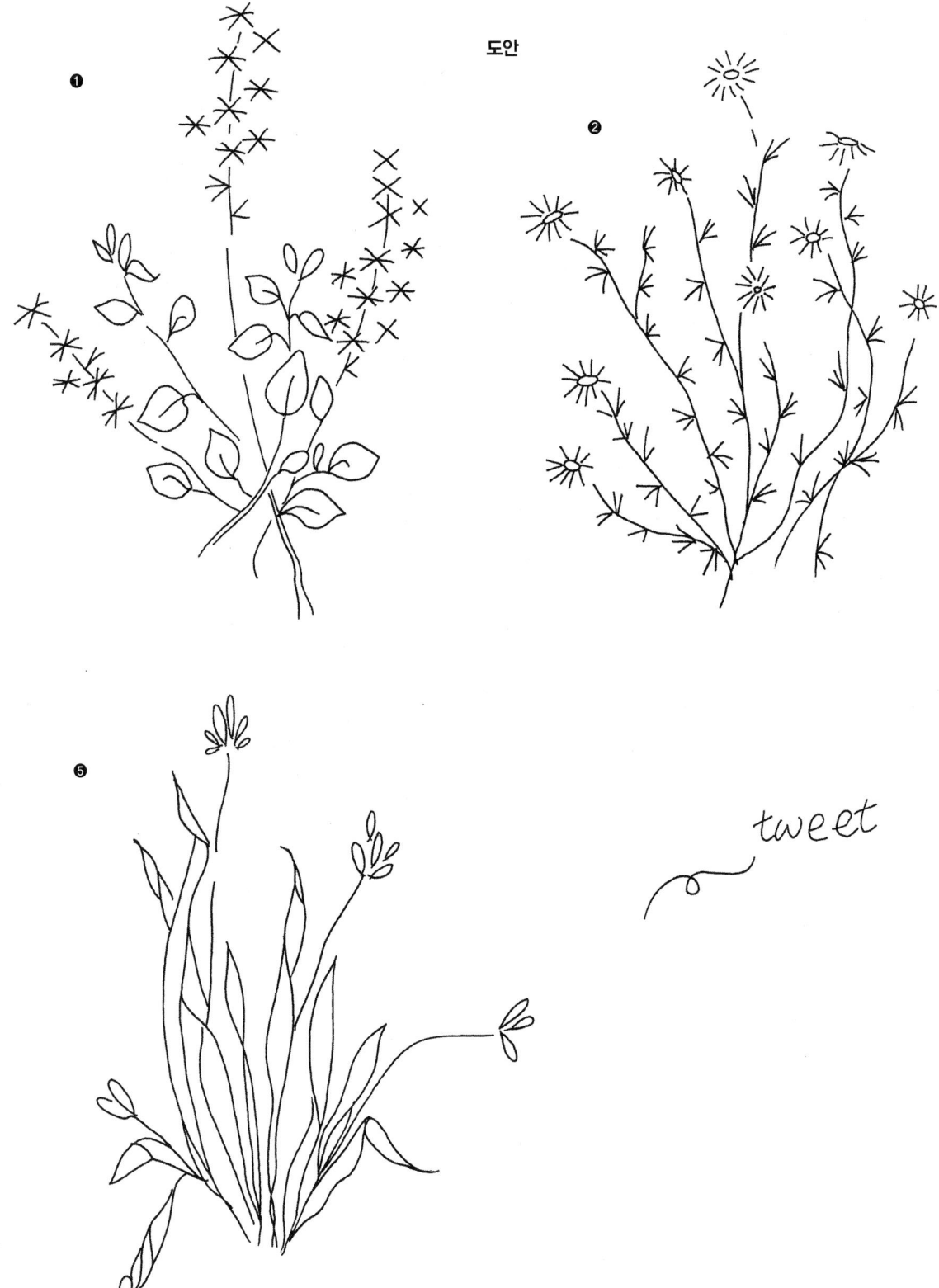

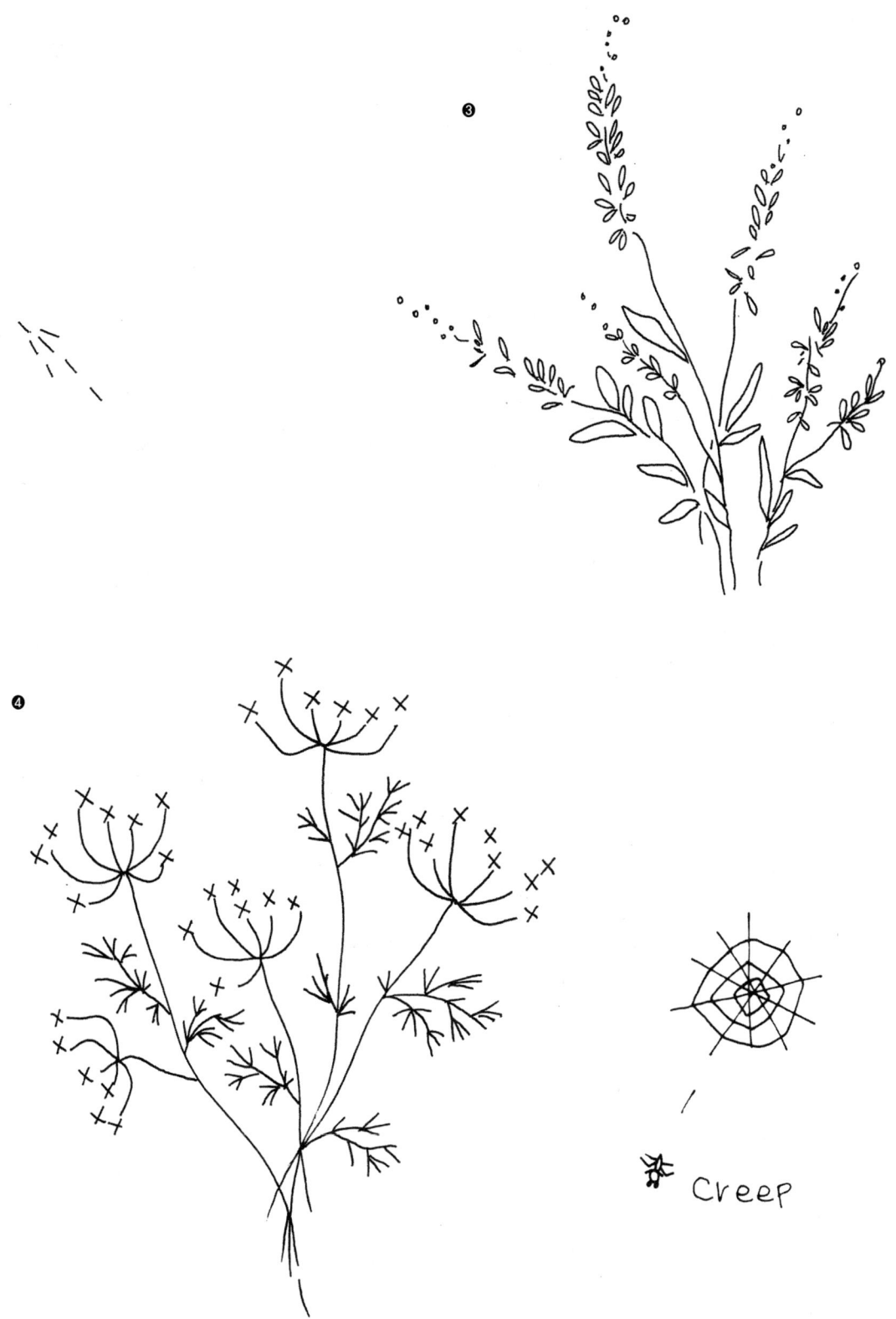

❶

(3041)
(3743)
(3743)
(561)
(3041)
(3041)
백s
(Anchor 멀티 1355)
(3743)
(561)
새틴s(561)
새틴s(905)
(561)
줄기: 백s(905)
잎: 새틴s
꽃: 크로스s

❷

스트레이트s
(2겹, white)
프렌치 노트s(742)
스트레이트s
(검은색 퀼트실)
백s
(Anchor 멀티 1355)
줄기: 백s
잎: 백s

❺

백s(2겹, 561)
스트레이트s
(Mokuba 1542-7)
백s(2겹, 3011)
리본s
(Mokuba 1542-12)
줄기: 백s(2겹)

tweet
백s(검은색 퀼트실)

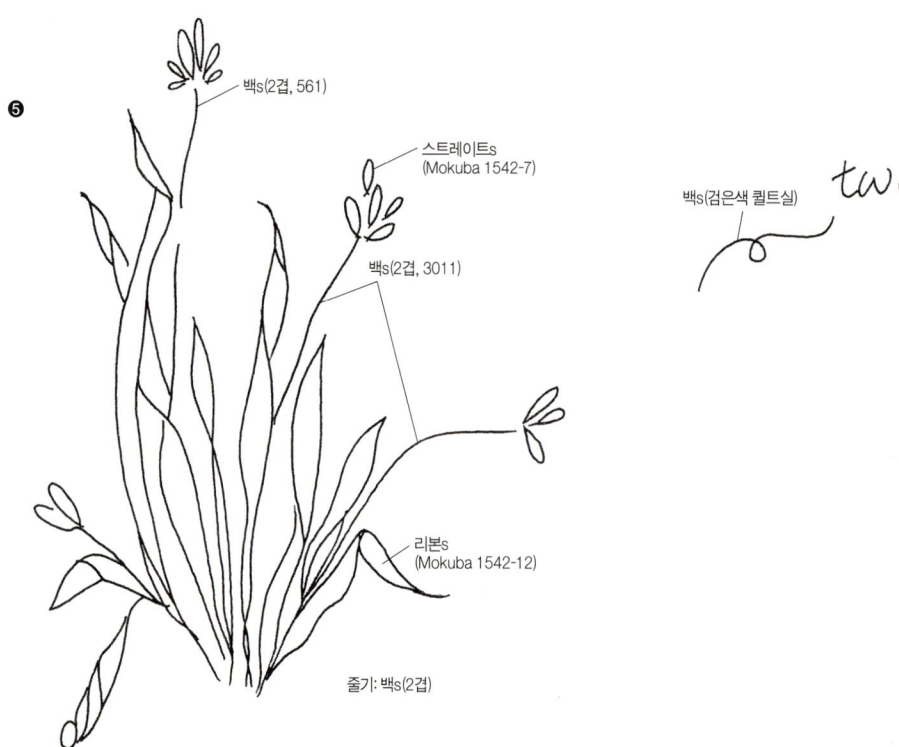

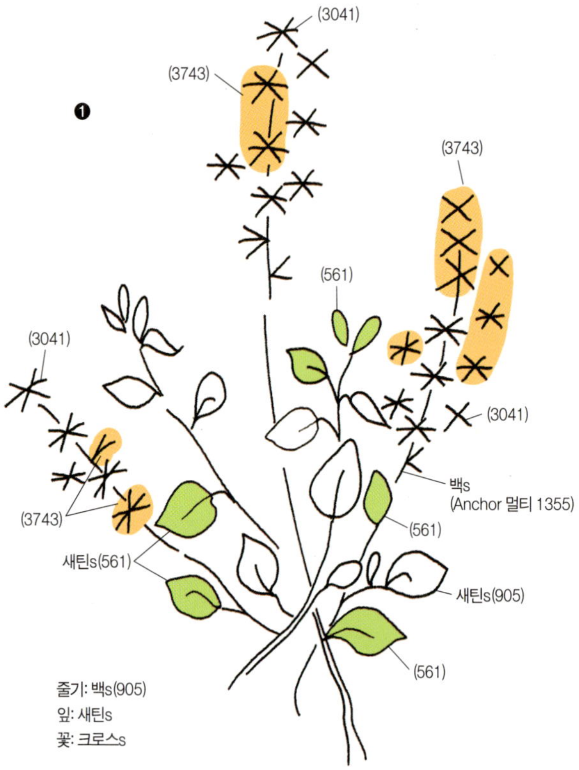

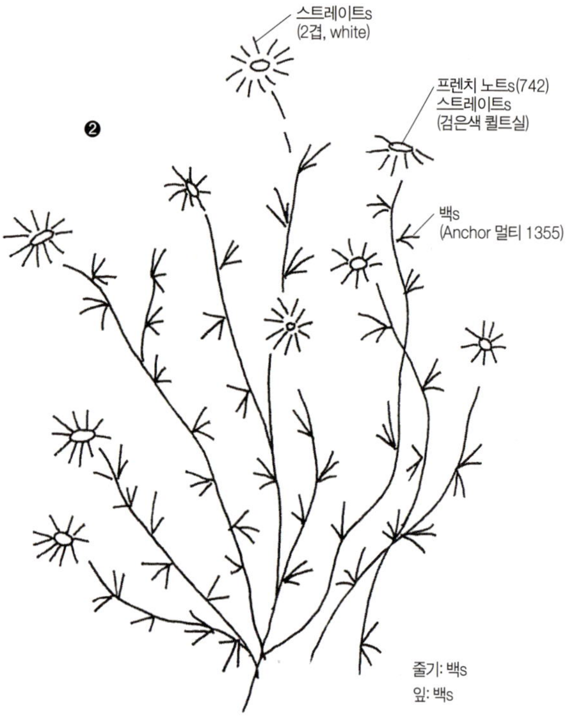

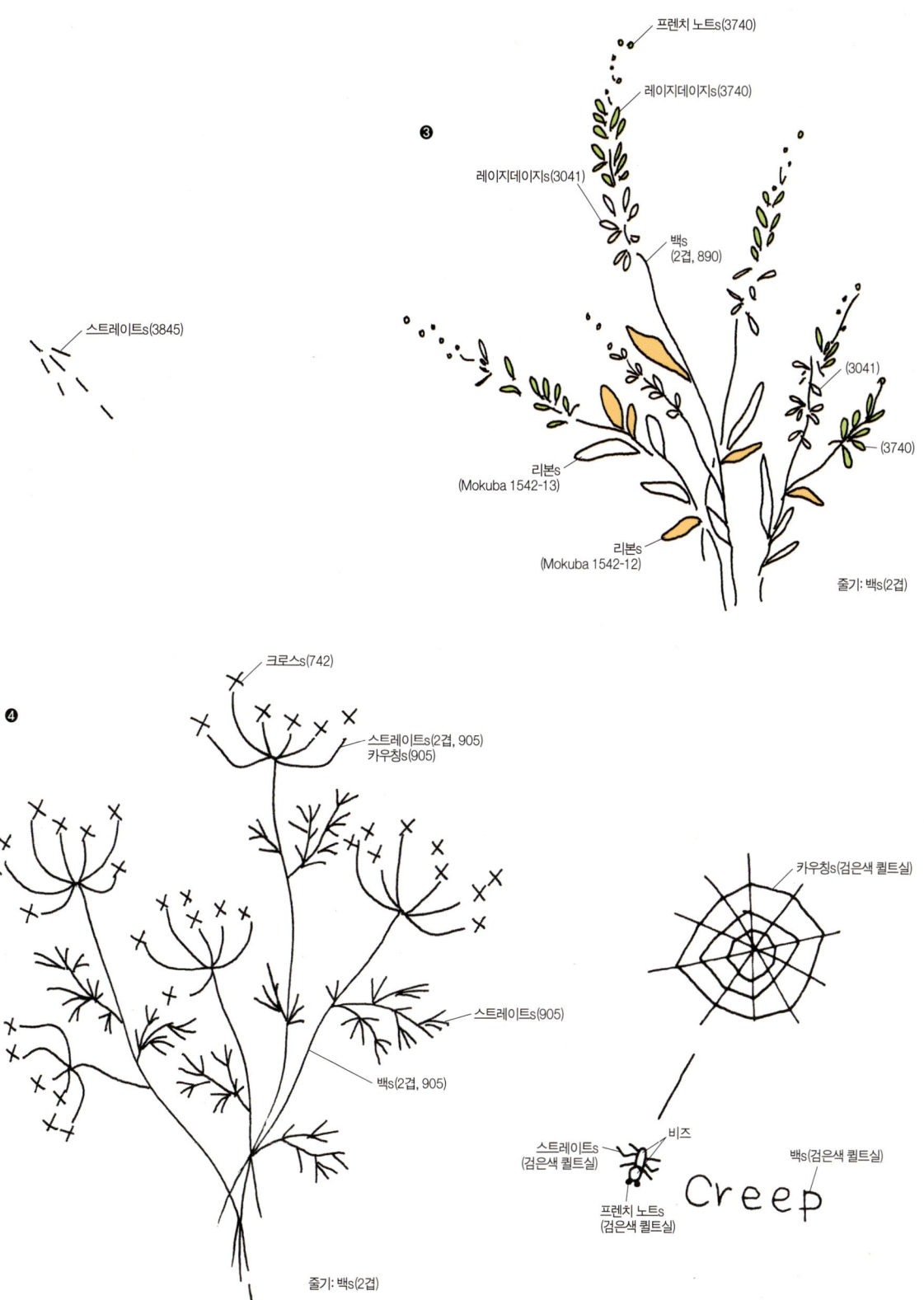

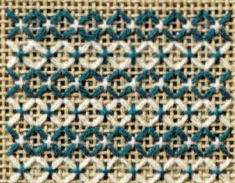

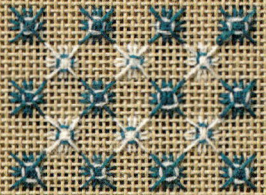

Blue Sampler
블루 샘플러

태피스트리 자수는 우리에게는 아직 생소합니다.
하지만 제시된 몇 가지의 기본 기법만 익힌다면
실용적인 다양한 소품을 만들어 사용할 수 있습니다.
이러한 자수는 유럽의 경우 의자, 쿠션에 응용되어
실용적으로 애용되었습니다.
이 책에서 저는 사람들이 많이 선호하는 색인 파란색으로
태피스트리 샘플러를 구성해보았습니다.
빳빳한 원단의 물성을 생각한다면, 수틀은 반드시 사각 수틀의 이용을 권합니다.
사각 수틀이 없는 경우는 액자를 뒤집어 압정을 꽂아 사용해도 좋습니다.
둥근 후프 스타일의 수틀은 사용 시 자국이 남기 때문에
사용하지 않는 것이 좋습니다.

To Prepare
준비

준비물

사용한 원단
● 40×40cm 모노 캔버스(mono canvas) 14카운트

사용한 실
● Appleton : 481, 485, 483, 489, 992
사용하는 실의 가닥수는 일러스트를 참고하세요.

사용한 바늘
● tapestryl needle 22

To Embroider
수놓는 법

십자수와 자수 놓는 방법이 유사합니다.

1 스티치 포인트에서 3~4cm 떨어진 곳에 매듭을 두면서 시작합니다.

2 수를 완성한 후 뒤쪽 실을 다른 실의 사이로 넣어 정리한 후, 앞쪽 매듭을 잘라줍니다.

3 패턴 일러스트를 참고하여 칸을 헤아려 수놓습니다.

도안

❶

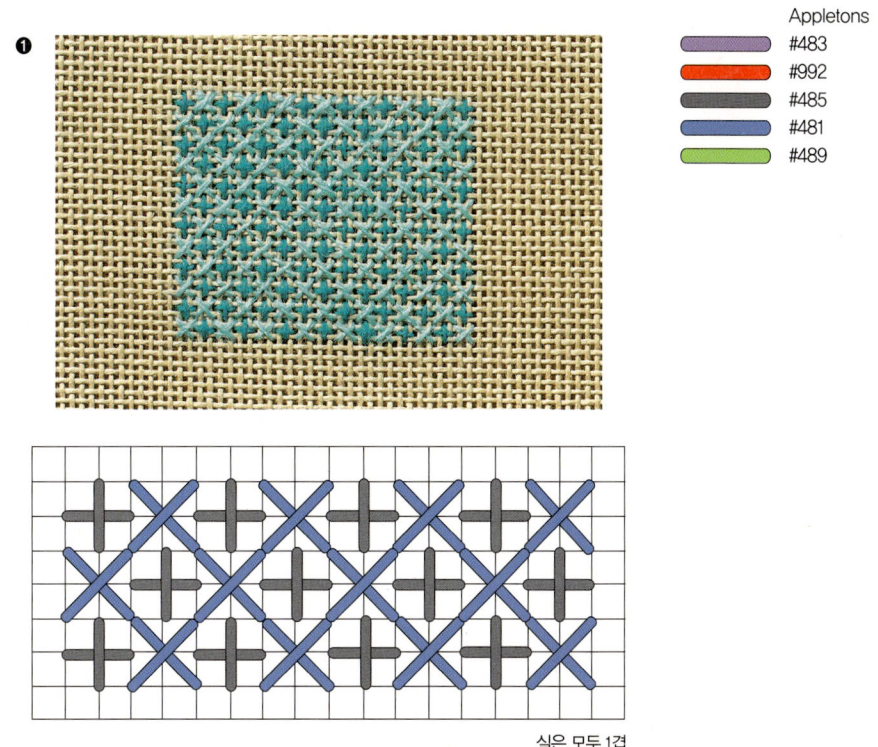

	Appletons
🟪	#483
🟧	#992
⬛	#485
🟦	#481
🟩	#489

실은 모두 1겹

❷

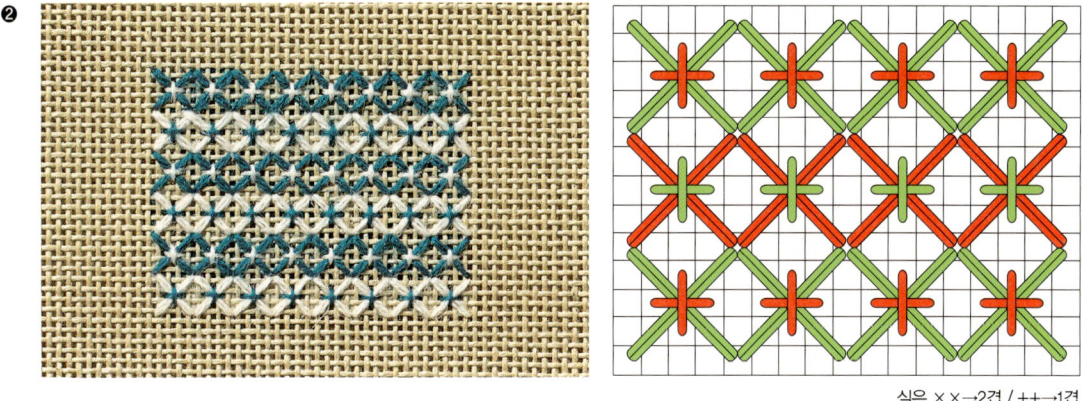

실은 ××→2겹 / ++→1겹

❸

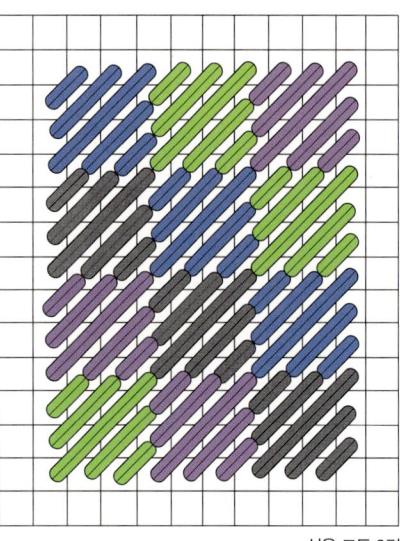

실은 모두 2겹

❹

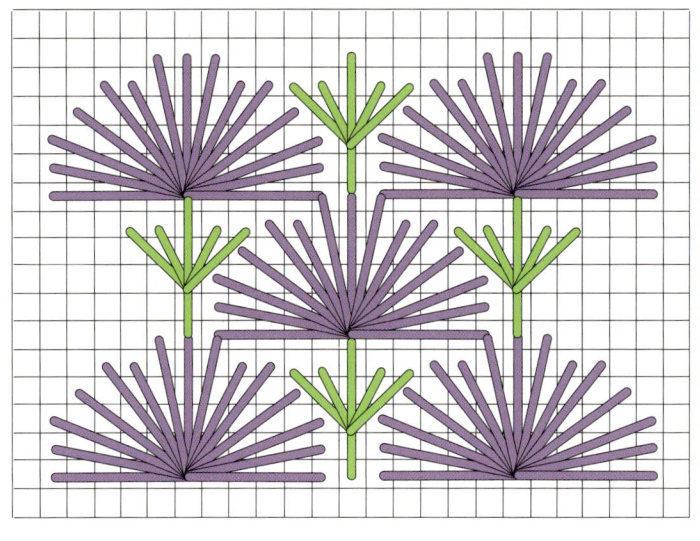
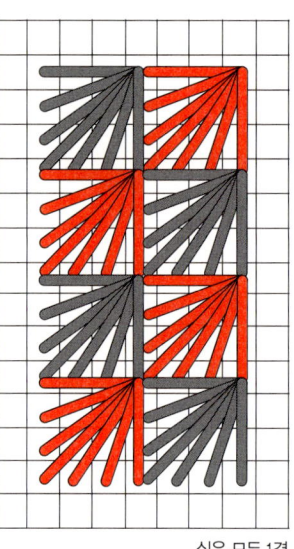

실은 모두 1겹

❺

실은 모두 2겹

❻

실은 모두 1겹

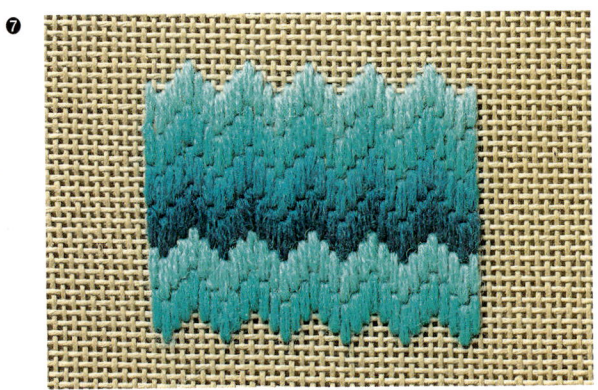

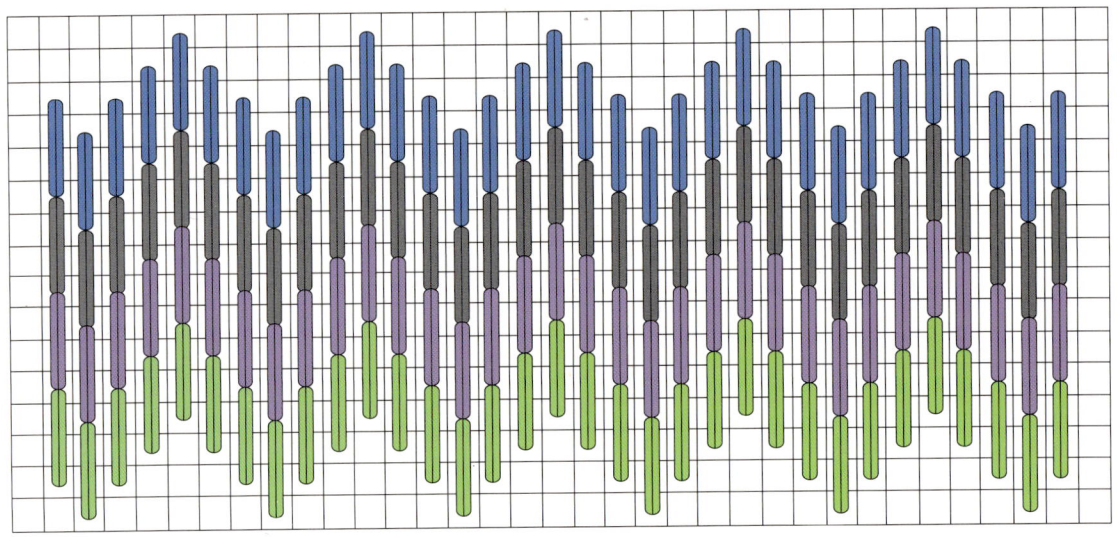

실은 모두 2겹

❽

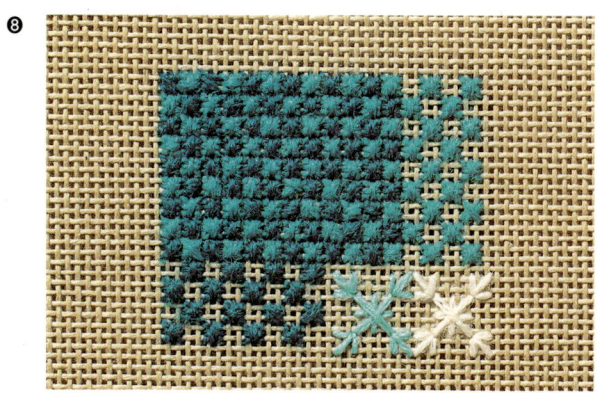

실은 모두 2겹

＊을 반복
실은 모두 2겹

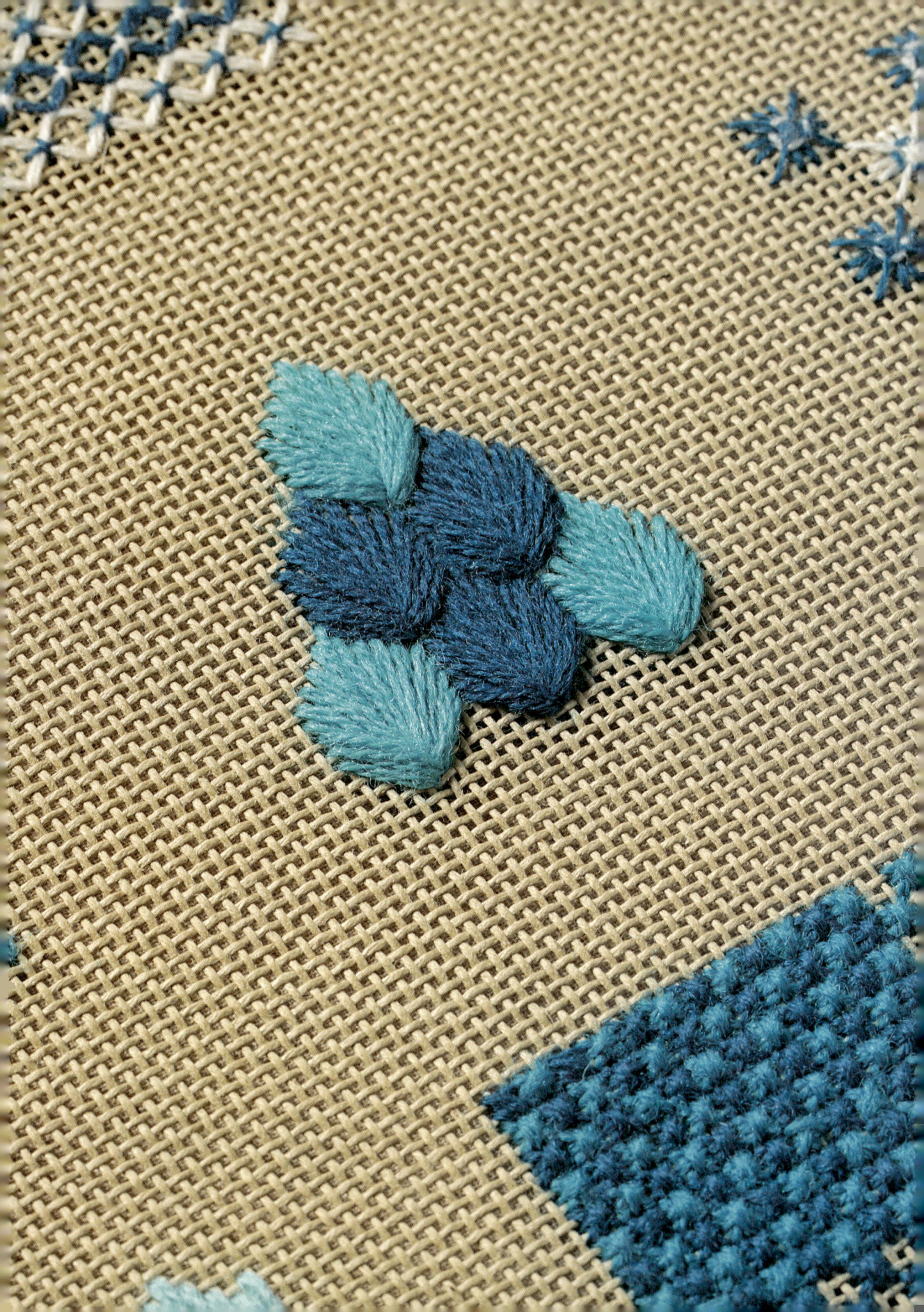

Navy Jacobean Flower
네이비 자코비안 플라워

자코비안은 영국의 르네상스라 불리는
제임스 1세 시대풍의 도안입니다.
활발한 교역으로 인해 동양의 영향을 받아 상상 속에서만 존재할 것 같은
식물과 동물 그리고 특이한 덩쿨이 많이 사용됩니다.
남색이 가지는 중후하고 고급스러운 느낌과 자코비안의 신비로운 도안이 만난
이 작업은 영국을 대표할 수 있는 자수 스타일입니다.
대부분이 롱앤드쇼트 스티치로 구성됨으로 원단은 두께감 있는 것이 좋습니다.
실은 Appleton 1겹이 가장 적합합니다.

To Prepare
준비

준비물

사용한 원단
● 35×35cm 두께감 있는 리넨

사용한 실
● Appleton : 156, 159, 321, 567, 643, 646, 746, 747, 928

사용한 바늘
● chenille needle 24

사용한 자수기법

롱앤드쇼트 스티치, 백 스티치, 새틴 스티치, 휘프트 새틴 스티치

To Embroider
수놓는 법

롱앤드쇼트 스티치가 가장 적합한 자수 스타일입니다.
도안의 제일 위에서 아래로 수놓습니다.
이번 자수의 가장 중요한 점은 3~4가지 실로 롱앤드쇼트 스티치를 하면서 색상을 부드럽게 연결하는 것입니다.

1 실매듭은 밖으로 보이도록 둔 채 백 스티치로 채울 공간의 외곽선을 수놓습니다. 스티치 뒷부분으로 실이 넘어가면서 입체감이 생기며, 롱앤드쇼트 스티치가 매끄럽게 표현되기 때문입니다.
2 다른 부분으로 실이 넘어갈 때 3cm 이내의 간격이라면 작은 홈질로 건너갑니다.
3 안쪽에서 바깥쪽 방향으로 실의 길이가 들쭉날쭉하게 수놓습니다. 이때 스티치 땀의 길이가 고르지 않아야 합니다. 바늘을 이미 스티치한 곳으로 넣기도 합니다.

To Embroider
수놓는 법

4 마무리는 이미 완성한 부분이나 시작하지 않은 부분에 작은 홈질을 2~3회 하여 잘라냅니다. 시작매듭도 잘라줍니다.

5 다른 실을 1의 방법으로 준비합니다.

6 이번에도 역시 도안 안쪽에서 밖으로 향하게 실 방향을 잡고, 완성한 3의 실과 실 중앙까지 바늘이 들어가게 합니다. 이렇게 수놓으면 두 가지 실의 이음외관이 매끄럽습니다.

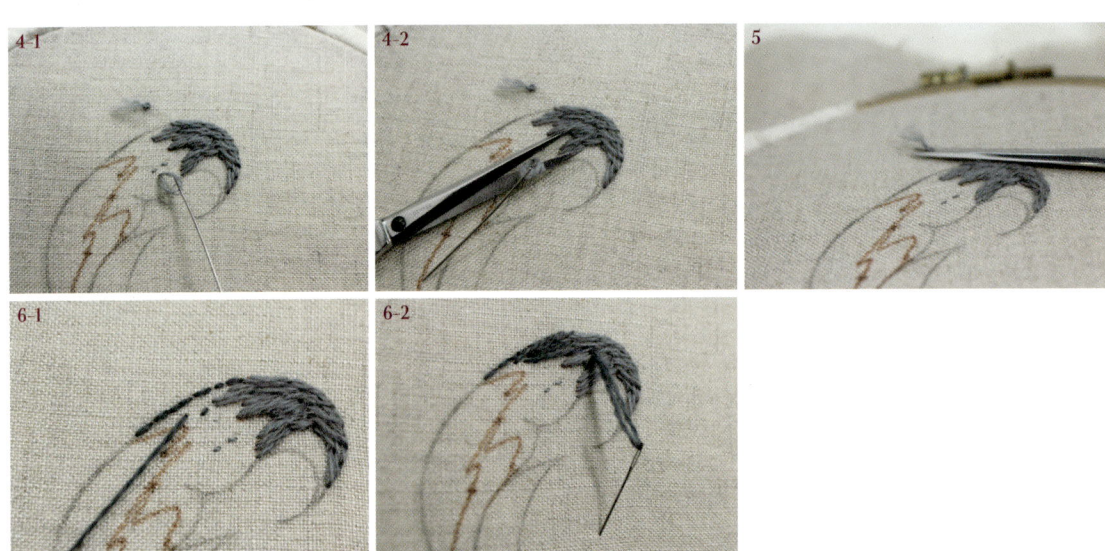

To Embroider
수놓는 법

왼쪽의 휘프트 새틴 스티치 부분입니다.

1 먼저 746 색상의 실 한 겹으로 백 스티치를 한 후 747 색상의 실 한 겹으로 휘프트 새틴 스티치를 합니다.

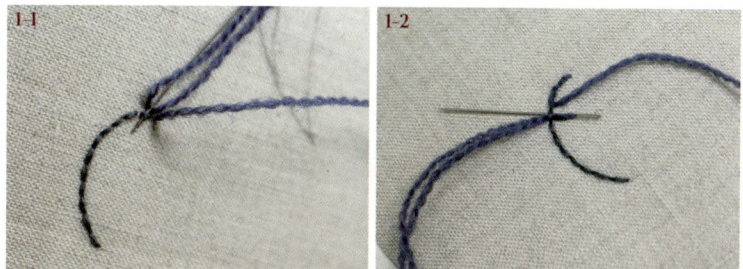

도안

Purple Cottage
퍼플 코티지

동화나 꿈속에서 만날 것 같은 예쁜 집을 수놓고 싶었습니다.
그래서 보라색이 가지는 귀족 같은 고급스러움과
화려함을 대입해 완성했습니다.
자연스러운 꽃을 표현하기 위해 손 염색모사를,
알파벳을 부드럽게 표현하기 위해 복합사를 사용합니다.
또한 풍성한 자연의 느낌을 위해 DMC 25번사와 Appleton사가
적절히 사용되면서 자연스러움을 더해줍니다.

To Prepare
준비

준비물

사용한 원단
- 35×35cm 리넨

사용한 실
- DMC 베리에이션 5번사 : 4250
- DMC 베리에이션 25번사 : 4050, 4255
- DMC : 223, 505, 611, 742, 782, 890, 892, 900, 905, 3052, 3768
- Anchor : 94
- Rosa : 그린 1, 그린 4, 그린 5, 그린 7, 화이트, 보라 1, 보라 5, 브라운 6
- Bella Lusso : 0105, 0107, 0110, 0126
- Tentakulum(독일 손 염색실) 실크리본 4mm 0124
- 검은색 퀼트실

사용한 바늘
- embroidery needle 8

패치워크 원단
- 보랏빛 발리 손 염색 퀼트 원단

- 지름 3mm 오링
- 클레이

사용한 자수기법

레이지 데이지 스티치, 버튼홀 휠 스티치, 블리온 스티치, 새틴 스티치, 스트레이트 스티치, 우븐 피코 스티치, 카우칭 스티치, 클로즈드 플라이 스티치, 프렌치 노트 스티치, 피스틸 스티치, 휘프트 새틴 스티치
실크 리본 부분은 리본 스티치

To Embroider
수놓는 법

집, my sweet home 집 왼편 나무, 펜스 패치워크, 배경정원 순서로 수놓습니다.

1 집 가장자리와 아래의 my sweet home은 두 개의 바늘에 각각 25번사와 5번사 실 한 가닥씩을 따로 준비합니다. 5번사가 연결된 바늘로 집의 가장자리 모양으로 스트레이트 스티치합니다. 다른 바늘로 그 위를 카우칭 스티치합니다.
창문은 로사 화이트로 새틴 스티치한 후 검은색 퀼트실로 창틀을 표현합니다. 창문 위의 꽃 덩굴은 프렌치 노트 스티치와 레이지 데이지 스티치를 합니다.
대문은 새틴 스티치를 한 후 3mm 오링으로 손잡이 표현합니다.
계단은 백 스티치로 표현합니다.

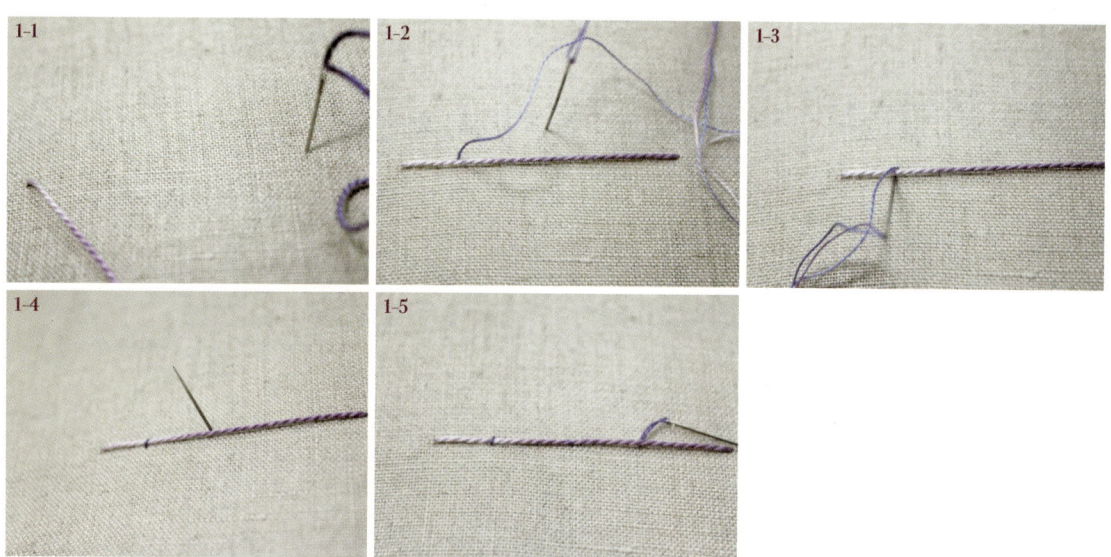

To Embroider
수놓는 법

2 나무는 새틴 스티치를 하고 리본은 리본 자수기법 중 리본 스티치로 표현합니다.
  리본의 시작과 매듭은 책의 19p를 참고하세요.

3 펜스 부분은 손 염색 원단으로 패치워크합니다.

4 배경의 꽃은 왼쪽부터 버튼홀 휠 스티치, 새틴 스티치, 프렌치 노트 스티치 그리고 피스틸 스티치로 표현합니다.
  잎은 대부분 새틴 스티치를 하지만, 집 아래 왼쪽 중간 부분의 수국 잎은 클로즈드 플라이 스티치를 합니다.

To Embroider
수놓는 법

5 정원의 벽돌은 두 겹으로, 벽돌 안쪽은 한 겹으로 백 스티치합니다.

6 클레이로 화분을 만들어 붙입니다.

7 화분 위를 우븐 피코 스티치로 표현하고, 비즈를 부착한 펠트를 나무모양으로 잘라 장식합니다.

8 달팽이의 몸통은 블리온 스티치로 표현하고, 더듬이는 피스틸 스티치를 합니다.

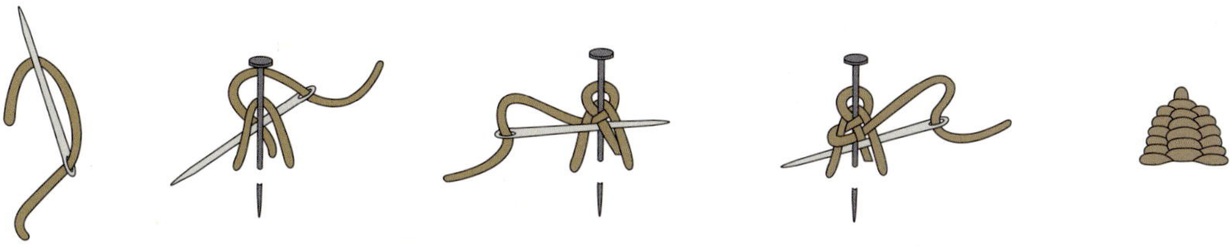

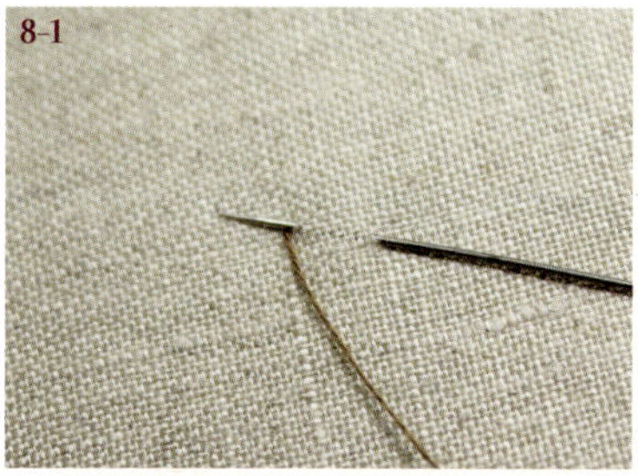

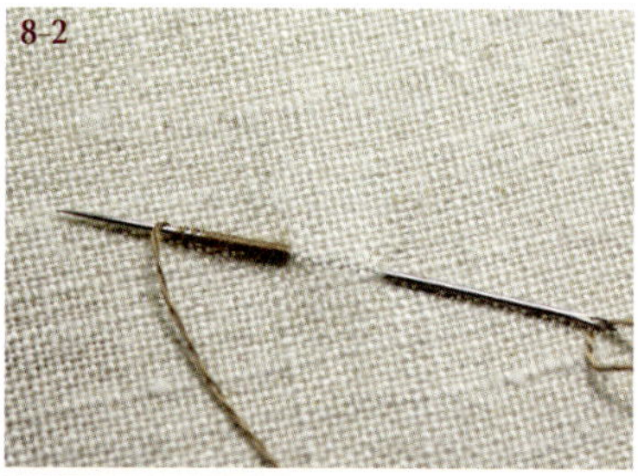

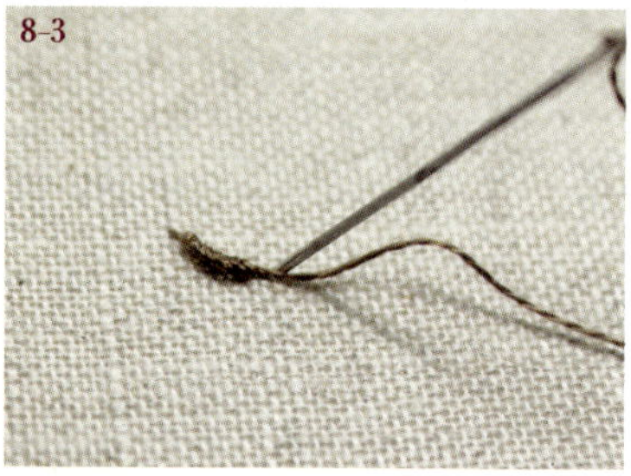

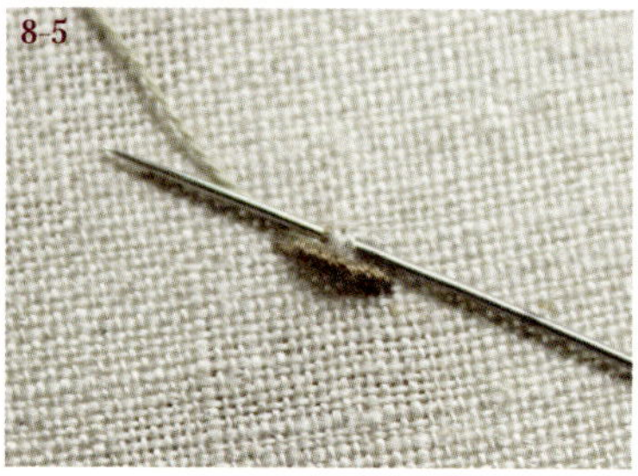

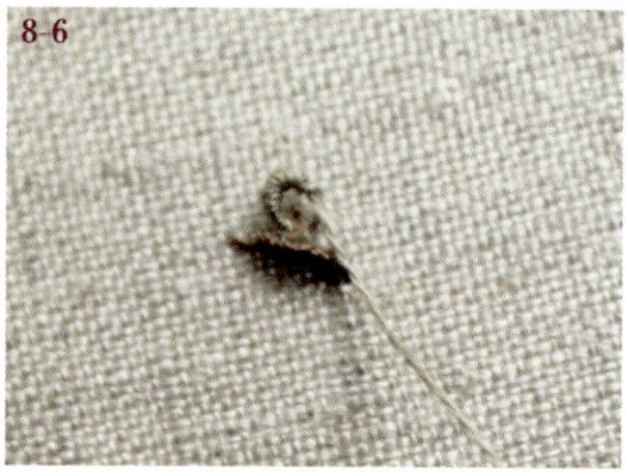

To Embroider
수놓는 법

9 벌의 몸통은 휘프트 새틴 스티치한 후 한 겹의 검은색 퀼트실로 스트레이트 스티치를 합니다. 날개는 레이지 데이지 스티치로 표현합니다.

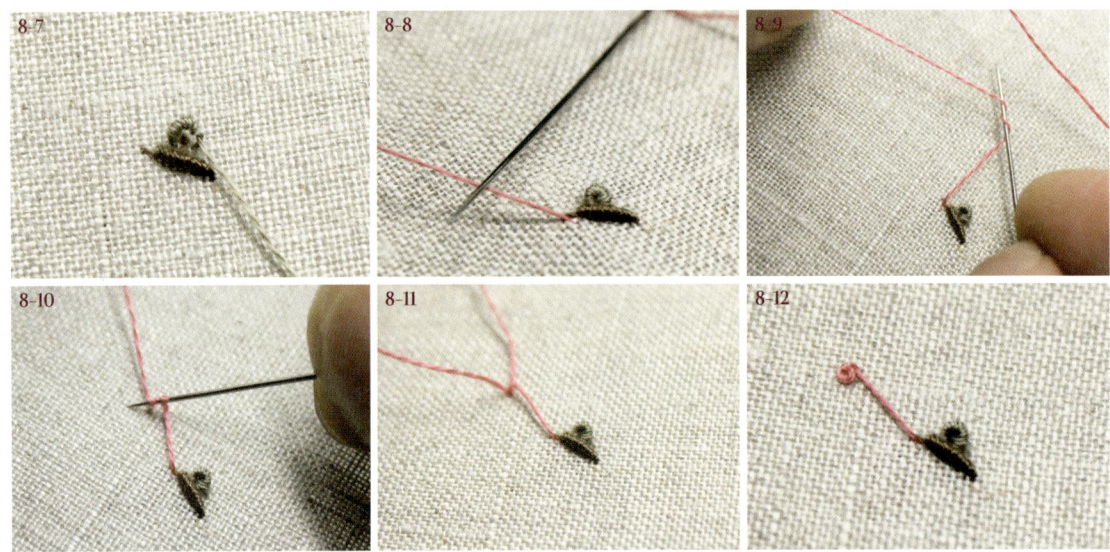

도안

My Sweet Home

스트레이트s
(베리에이션 5번사 4250)
카우칭s
(베리에이션 25번사 4255)

새틴s(Rosa 그린 1)

리본s
(Tentakulum 실키리본 4mm 0124)

새틴s(Rosa 브라운 6)

새틴s(Rosa 그린 5)

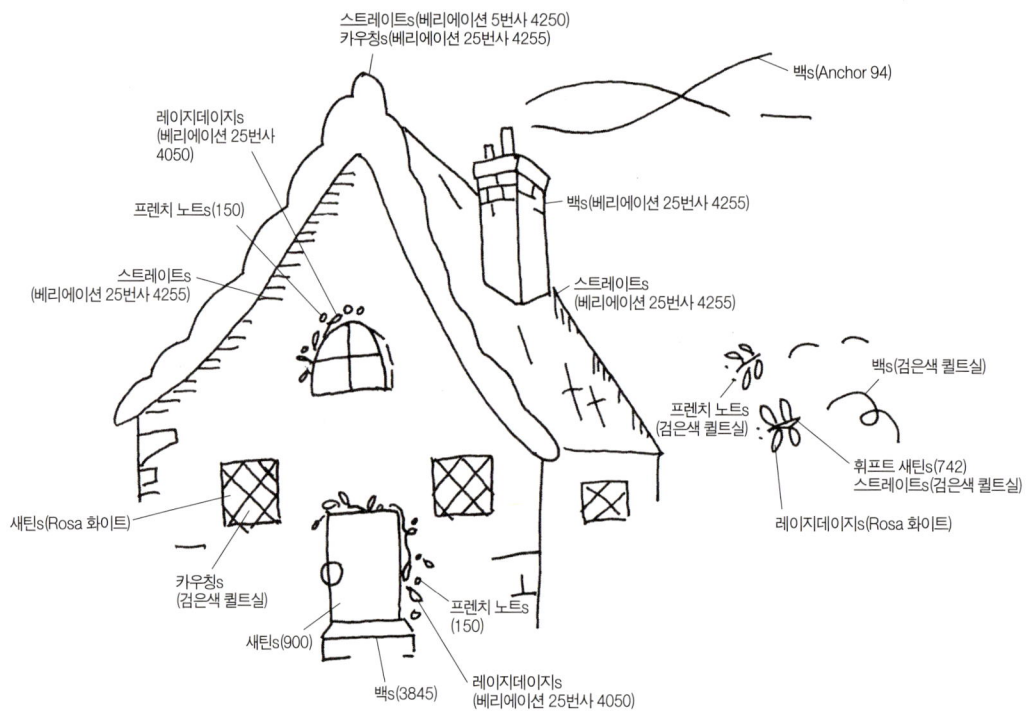

스트레이트s(베리에이션 5번사 4250)
카우칭s(베리에이션 25번사 4255)

레이지데이지s
(베리에이션 25번사 4050)

프렌치 노트s(150)

스트레이트s
(베리에이션 25번사 4255)

백s(Anchor 94)

백s(베리에이션 25번사 4255)

스트레이트s
(베리에이션 25번사 4255)

백s(검은색 퀼트실)

프렌치 노트s
(검은색 퀼트실)

휘프트 새틴s(742)
스트레이트s(검은색 퀼트실)

레이지데이지s(Rosa 화이트)

새틴s(Rosa 화이트)

카우칭s
(검은색 퀼트실)

새틴s(900)

백s(3845)

프렌치 노트s
(150)

레이지데이지s
(베리에이션 25번사 4050)

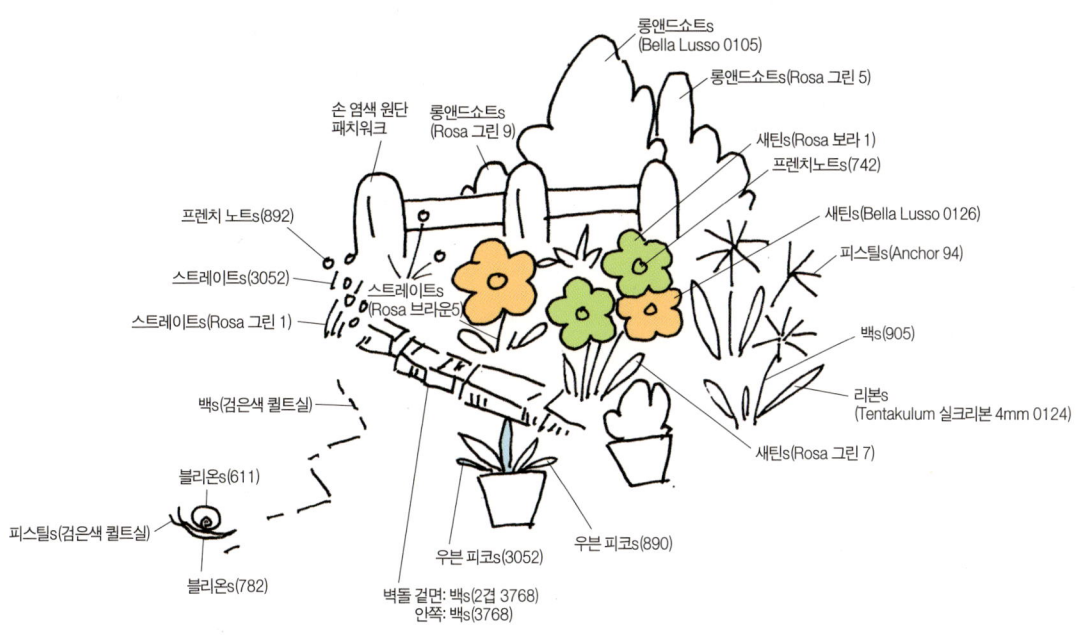
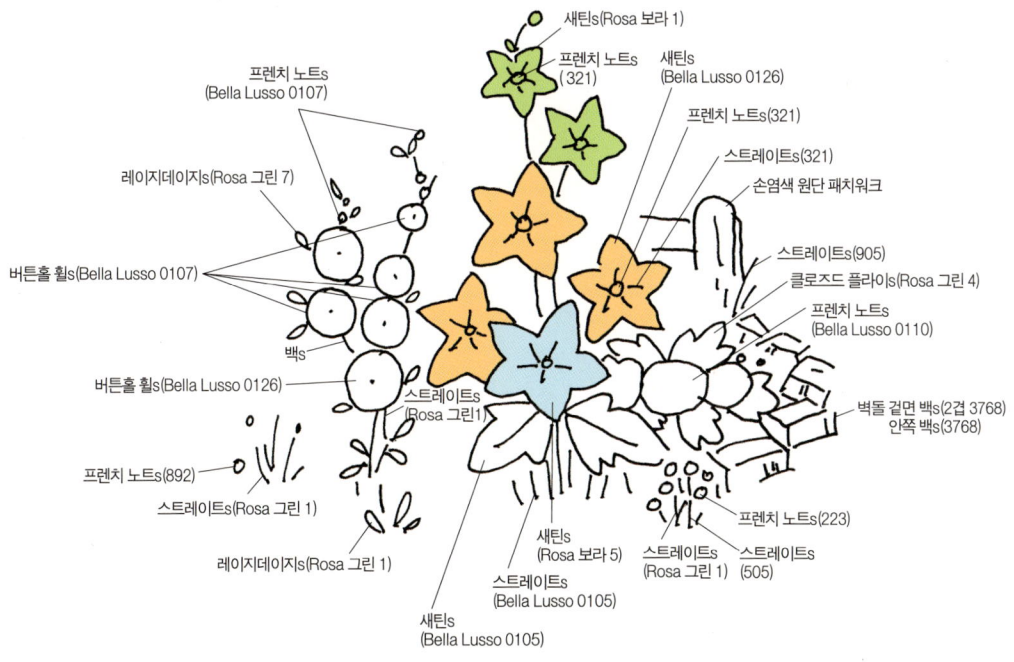

자수를 시작하면서 친지들에게
수를 놓아 만든 소품들을 선물하게 되었습니다.
제가 만든 것들을 건네받고 좋아할 분들의 미소를 생각하면서
한 땀씩 채워나가는 스티치에는 저의 애정이 가득합니다.
지인들은 어떤 것보다도 이 선물들을 좋아하지요.

이번 장에는 실용적인 면을 살린 작품들이 소개됩니다.
당신을 위해서 한 번 만들어보세요.

2

실용성이 가미된 앤틱 자수

LADY DIANA
레이디 다이아나

영국의 빈티지 자수 중 크리놀린 레이디는 널리 사랑받는 자수 도안입니다.
Lady가 정원에서 꽃과 함께하는 모습은 매우 사랑스럽지요.
원래 crinoline(크리놀린)이라는 단어는 19세기 중엽 말총과 리넨, 면 등으로
딱딱하게 만든 페티코트 위에 걸쳐 입는 폭이 넓은 드레스 실루엣을 말합니다.
우아한 크리놀린 레이디를 수놓아 가방으로 완성해
저의 곁에 두고 오랫동안 같이하고 싶습니다.
이 작품은 다양한 실과 리본을 함께 사용하지만 자수기법은 단순화시켜서
누구나 손쉽게 도전해볼 수 있도록 만들어보았습니다.

To Prepare
준비

> 준비물

사용한 원단
● 리넨
겉감 가방 : 35×35cm 자수용, 31×31cm 뒷지, 9×86cm 옆판배색
       파우치 : 24×21cm 자수용, 22×20cm 뒷지
안감 가방 : 31×31cm 2장, 9×86cm 옆판 배색
       파우치 : 22×20cm 2장
심지 가방용 접착심지 : 29×29cm 2장, 7×84cm 1장
       파우치용 접착심지 : 20×18cm 2장

사용한 실
● DMC : 311, 798, 938, 3787,
● DMC 베리에이션 : 4050, 4230, 4255(4255는 파우치에만 사용)
● Rosa : 핑크 15, 핑크 20, 레드 4, 그린 2, 그린 4, 브라운 5, 보라 9, 블루 5
● Appleton : 146, 403, 474, 562, 863
● Bella Lusso : 0105, 0124, 0126
● Valdani : w29
● Mokuba : 1542-10, 1544-6
● 원단과 동일한 색상의 퀼트실

사용한 바늘
● embroidery needle 8, chenille needle 22

● 0.2mm 진주, 가방 핸들, 파우치용 25cm 지퍼

> 사용한 자수기법

백 스티치, 버튼홀 바 스티치, 새틴 스티치, 프렌치 노트 스티치

> 완성 사이즈

-가방 완성 사이즈 29×29×7cm
-파우치 완성 사이즈 20×18cm

To Embroider
수놓는 법

소녀

1 드레스의 아우트라인은 두 겹의 실로 백 스티치를 하고, 그 이외에는 모두 한 겹의 실로 백 스티치를 합니다.

2 스커트의 아랫단은 두 겹의 실로 버튼홀 바 스티치합니다.

3 허리의 리본은 리본을 만들어 중앙부분을 투명사로 고정합니다.

4 리본의 끝부분은 chenille needle로 관통시켜 뒤쪽에서 투명사로 고정시켜 줍니다.

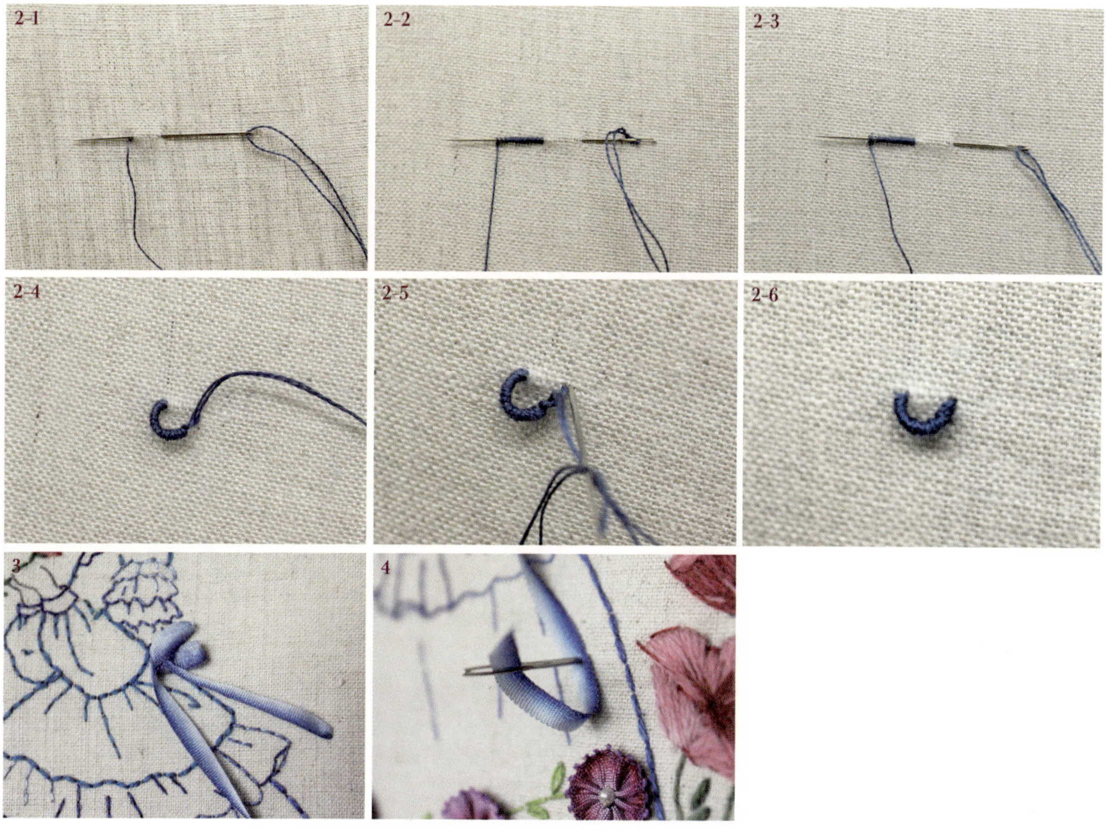

To Embroider
수놓는 법

5 리본으로 꽃을 만들어 스커트에 투명사로 고정한 후 진주를 달아줍니다.

6 소녀의 머리 위에 있는 리본은 새틴 스티치를 합니다.

펜스와 바닥 문양

1 펜스는 두 겹으로 백 스티치를 합니다.

2 모든 꽃들은 한 겹으로 새틴 스티치와 프렌치 노트 스티치를 합니다.

3 바닥의 문양은 한 겹으로 백 스티치를 합니다.

5-1　5-2 　5-3 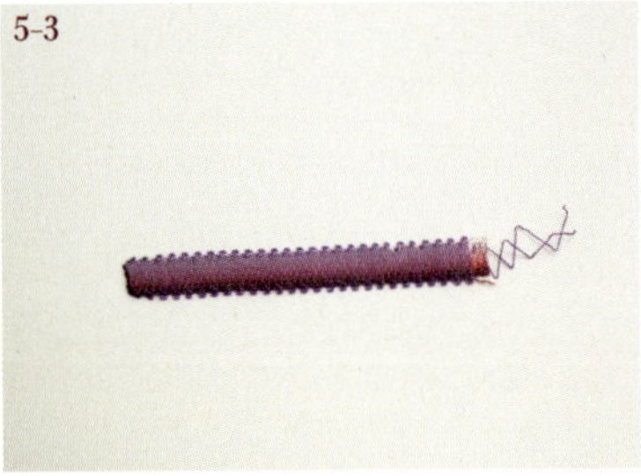
5-4 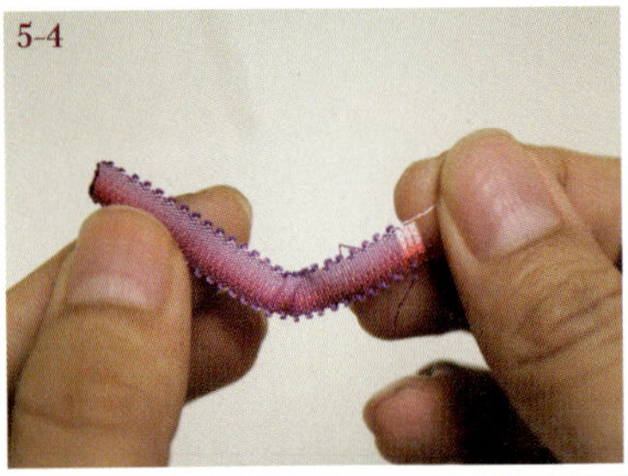　5-5 　5-6
5-7

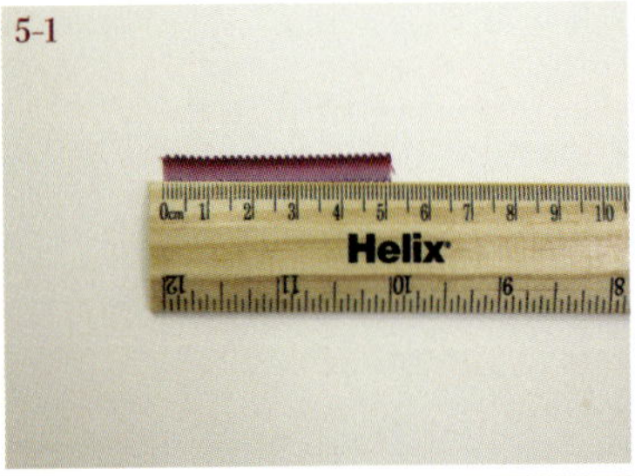

도안

80%

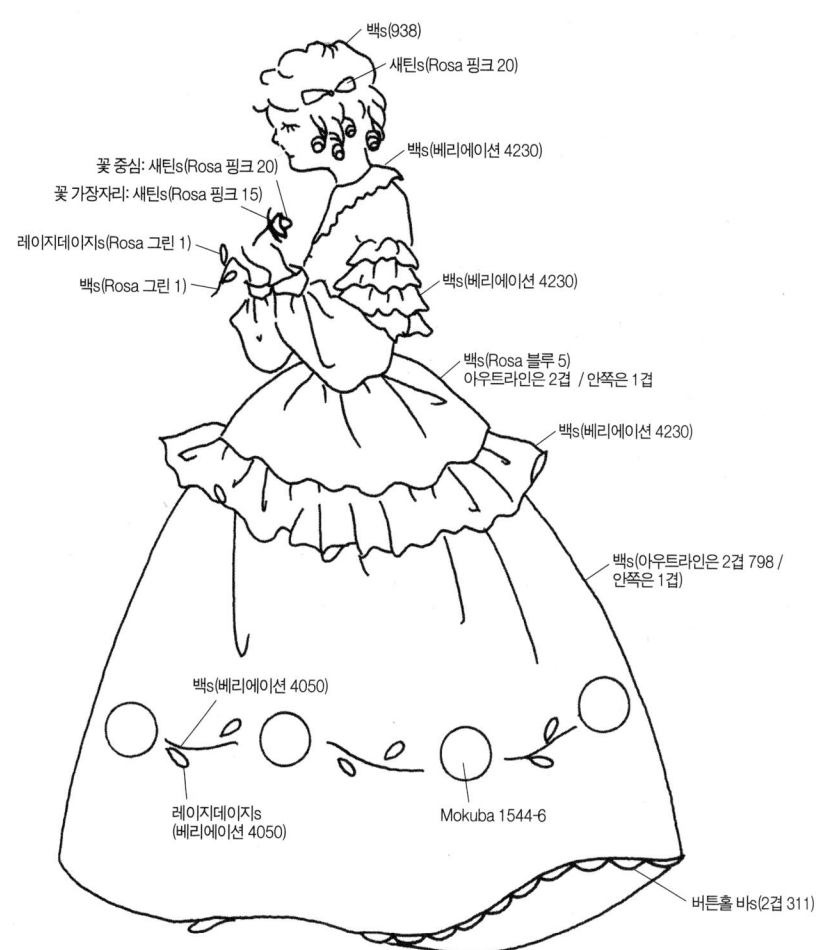

새틴s(Valdani w90)
새틴s(Bella Lusso 0124)
새틴s(Valdani w29)
프렌치 노트s(Rosa 보라 9)
새틴s(Bella Lusso 0124)
백s(Rosa 보라 9)
프렌치 노트s(Rosa 보라 9)
새틴s(9146)
새틴s(Appleton 562)
프렌치 노트s(Rosa 보라 9)
프렌치 노트s(Rosa 보라 9)
새틴s(Appleton 863)
백s(Rosa 그린 4)
백s(Rosa 브라운 5)
새틴s(Appleton 474)
프렌치 노트s(Rosa 핑크 20)
프렌치 노트s
(Bella Lusso 0126)
백s(Bella Lusso 0126)
백s(Rosa 그린 4)
프렌치 노트s(Bella Lusso 1026)
백s(Appleton 403)
새틴s
(Bella Lusso 0124)
백s(Appleton 403)
새틴s(Appleton 474)
프렌치 노트s(Rosa 핑크 20)
백s(2겹 3787)
새틴s(Appleton 562)
프렌치 노트s(Rosa 핑크 20)
새틴s(Appleton 403)
백s(Rosa 그린4)
백s(Rosa 그린 2)
새틴s(Rosa 그린 2)
새틴s(Rosa 레드 4)
백s(Rosa 브라운 5)
새틴s(Rosa 노랑 1)
프렌치 노트s(Rosa 핑크 20)

새틴s(Rosa 핑크 15)
새틴s(Rosa 핑크 20)
백s(Bella Lusso 0124)
새틴s(Bella Lusso 0124)

새틴s(Appleton 863)
프렌치 노트s(Appleton 474)
새틴s(Rosa 레드 4)
백s
(Appleton 403)
프렌치 노트s
(Appleton 474)
새틴s
(Appleton 403)
백s(Bella Lusso 0126)
프렌치 노트s
(Bella Lusso 0126)
백s
(Appleton 403)
새틴s(Rosa 그린 2)
백s(Rosa 그린 2)
백s(Bella Lusso 0126)

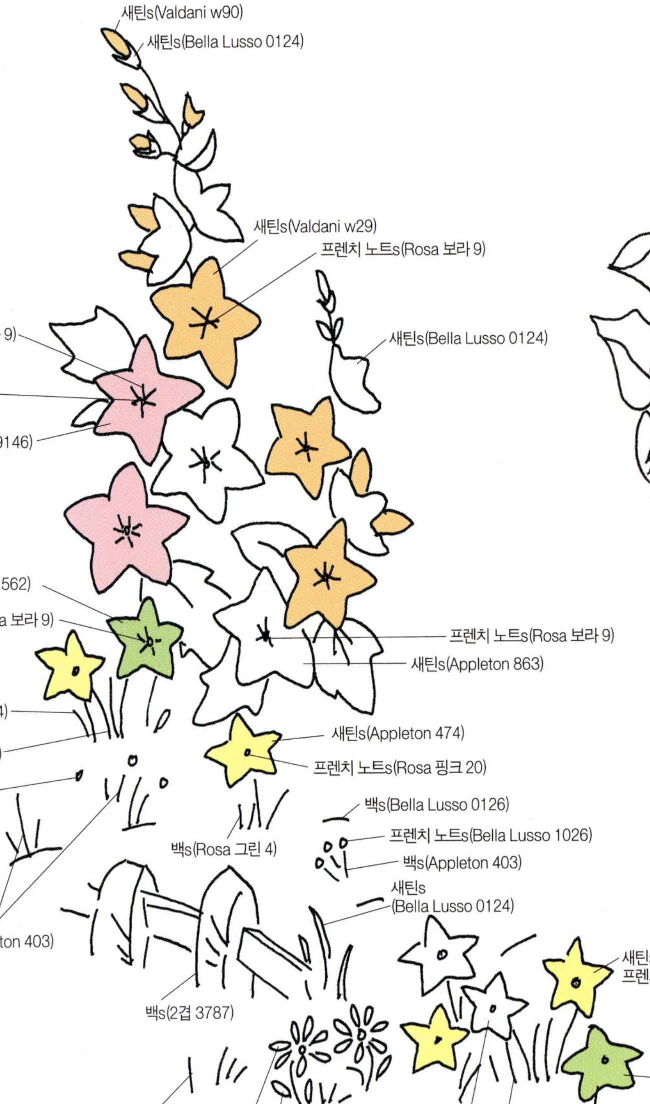

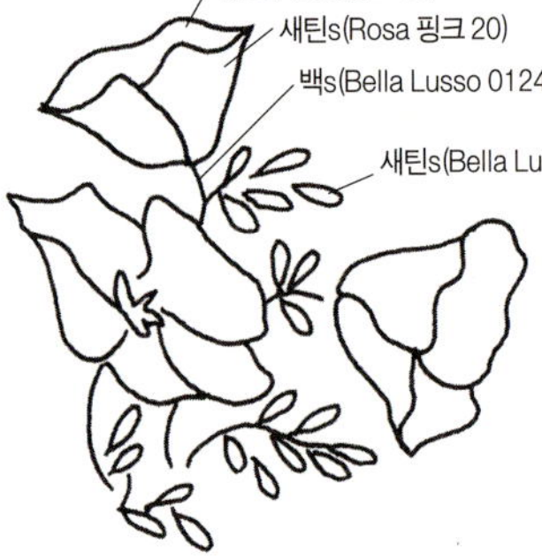

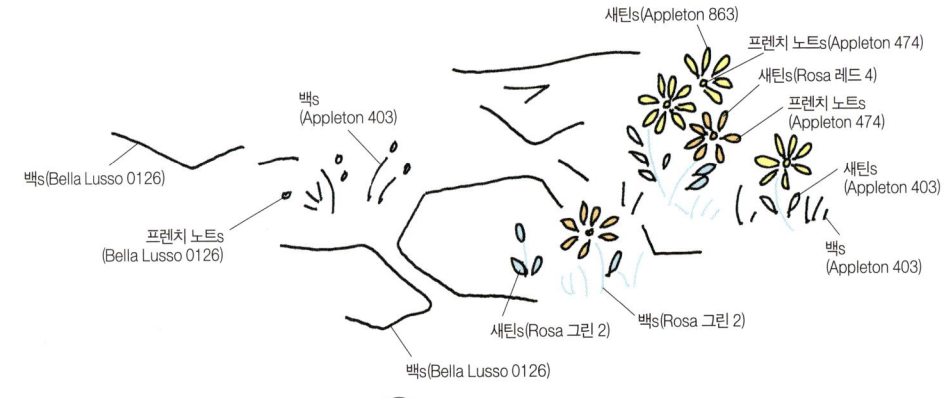

도안

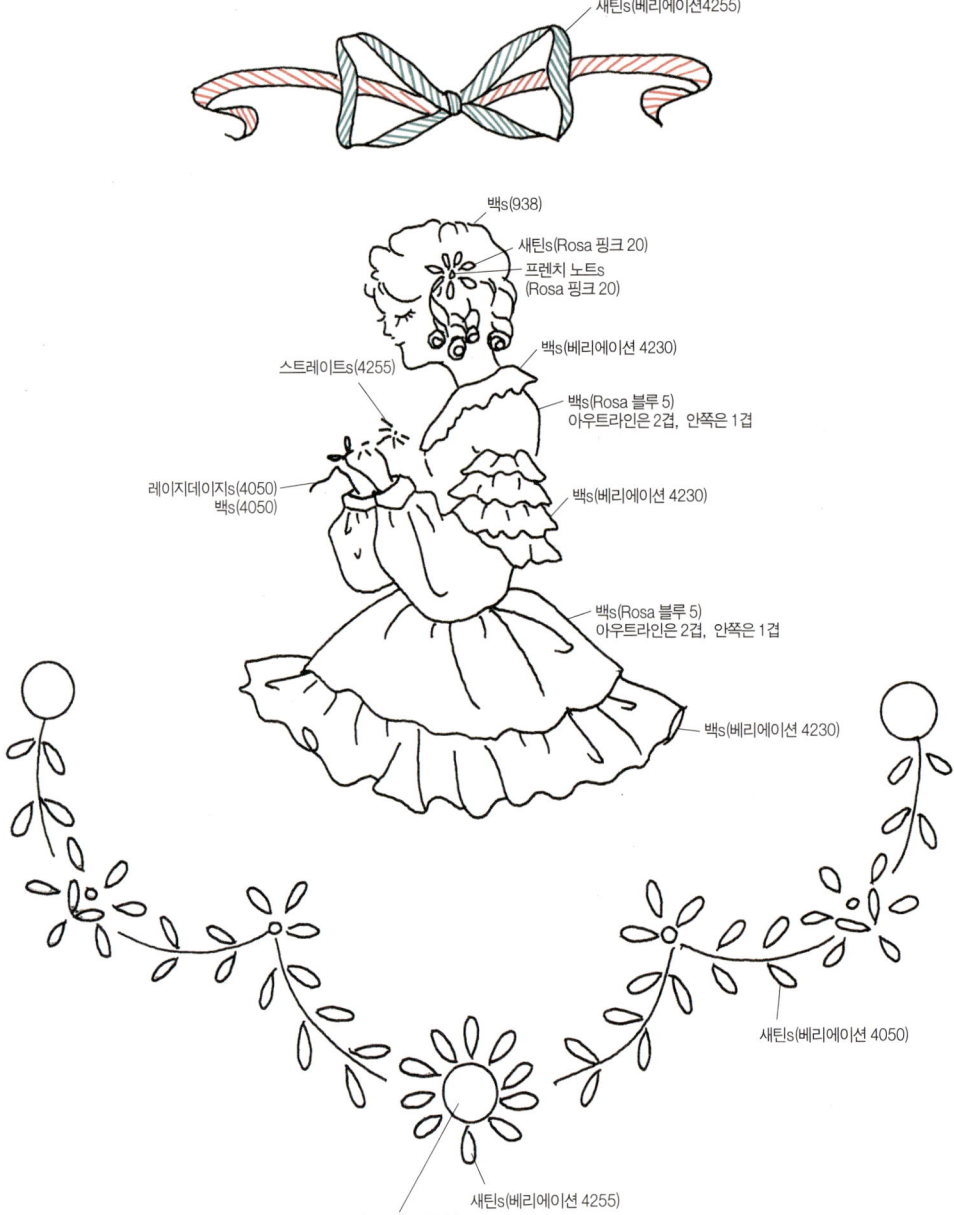

To Make
만드는 법

마무리
수를 놓은 후 가방과 파우치로 만들어보았습니다.

가방 만드는 법

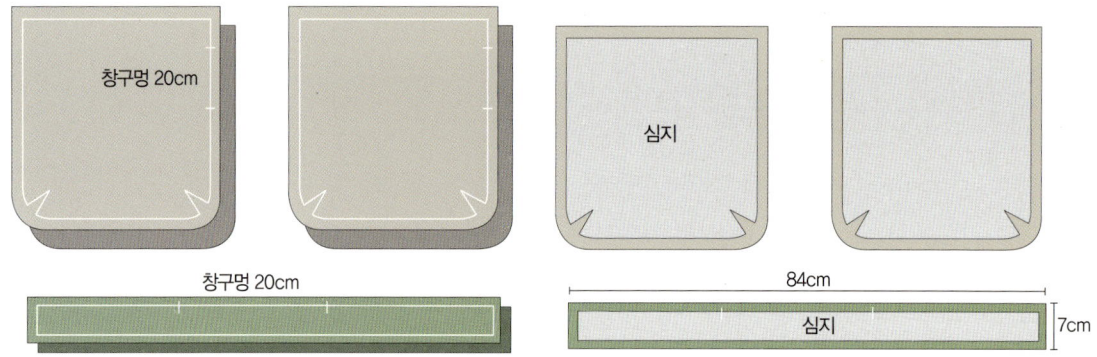

1 앞판, 뒤판, 옆판의 심지를 패턴대로 여유분 없이 잘라 각각의 원단 안쪽에 붙입니다.

 **Tip** 수놓은 부분의 중심과 심지의 중심이 일치하도록 해야 합니다.

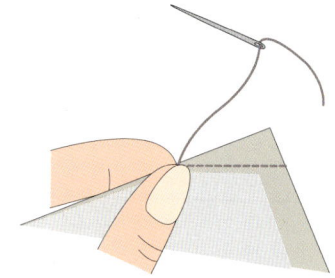

 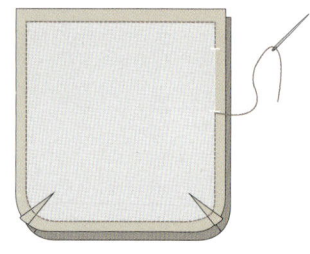

2 앞판과 뒤판의 다트를 안쪽에서 접어 박습니다.
이때 시접은 1cm기준입니다.
다트가 풀리지 않도록 시작과 마무리는 되돌아박기로 마무리합니다.

3 겉감과 안감의 겉을 마주보게 한 후 창구멍을 남긴 채 박아 뒤집습니다.
창구멍을 넉넉하게 두어야 자수 부분이 뒤집을 때 구겨지는 것을 막을 수 있습니다.

To Make
만드는 법

4 창구멍을 공그르기로 막습니다.

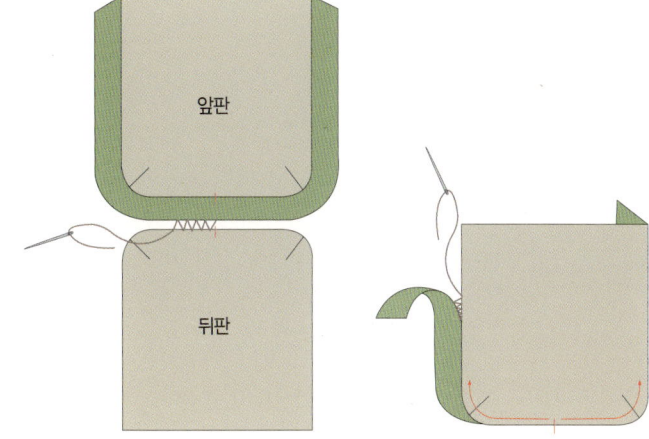

5 앞판, 뒤판, 옆판의 각각의 중심 부분을 잘 맞추어 가방의 옆 부분을 공그르기 합니다.

6 가방 끈을 박음질로 붙입니다.

To Make
만드는 법

파우치 만드는 법

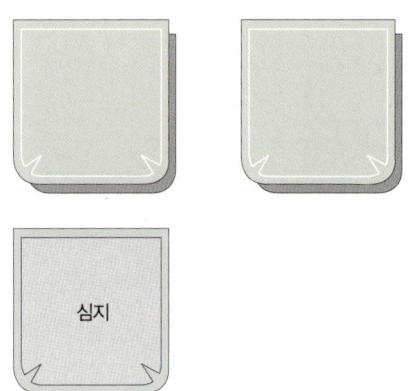

1 앞판과 뒤판의 심지를 여유분 없이 잘라 원단 안쪽에 붙입니다.

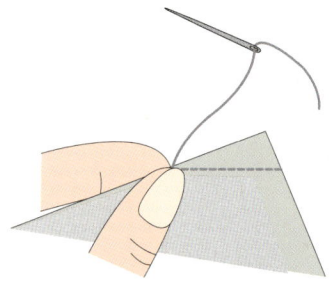

2 앞판과 뒤판의 다트를 안쪽에서 접어 박습니다. 이때 시접은 1cm 기준입니다.
다트가 풀리지 않도록 시작과 마무리는 되돌아박기로 마무리합니다.

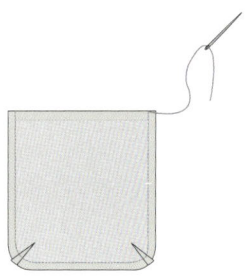

3 2와 안감의 겉을 마주보게 한 후 박아서 뒤집습니다. 이때 지퍼가 달릴 부분은 남겨두어야 합니다.

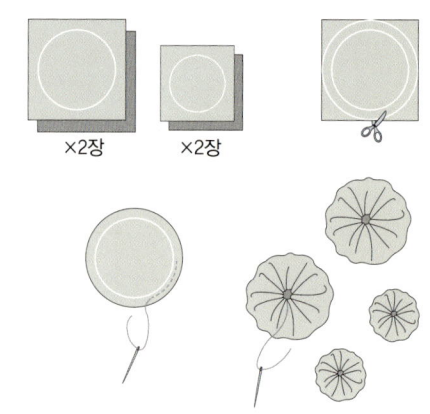

4 **요요를 만들기**

원단 위에 종이컵 앞부분과 뒷부분을 이용해 총 4개(큰 동그라미 2개, 작은 동그라미 2개)의 동그라미를 그립니다. 시접을 0.5cm 두고 자른 후 시접을 접어 0.2cm 간격으로 홈질한 후 실을 당겨 4개의 요요를 만들어놓습니다.

To Make
만드는 법

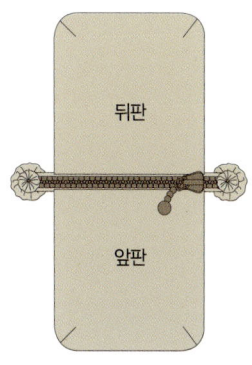

5 큰 요요 1개와 작은 요요 1개 사이에 지퍼를 위로 향하게 끼운 후 홈질로 박습니다.

6 앞판과 뒤판의 겉면에서 지퍼를 달아준 안쪽에서 지퍼시접을 공그르기하여 마감합니다.

7 6의 지퍼를 중심으로 접어 F와 B를 마주 보게 한 후 옆 부분을 공그르기하여 마감합니다.

가방 패턴(55%)

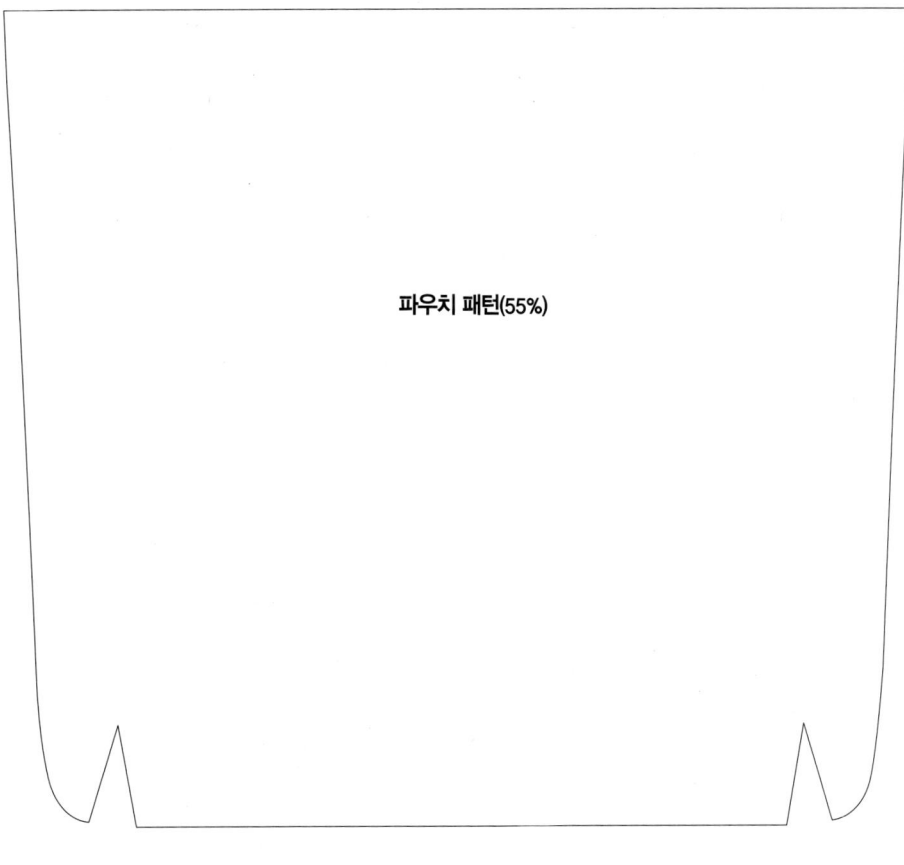

파우치 패턴(55%)

LOVELY GARDEN

러블리 가든

우리 산천이 단아하고 멋스럽다면
유럽의 자연은 넉넉함을 안고 있습니다.
오래된 고성과 모네의 그림 속 연못 등을 주제로 수를 놓고
마무리는 브로치나 거울 등 생활소품으로 완성했습니다.

Hever Castle(히버 성)

회색빛 성과 녹색 자연이 어우러진 브로치입니다.

To Prepare
준비

준비물

사용한 원단
- 10×10cm 리넨

사용한 실
- DMC : 154, 223, 645, 646, 900, 905, 927, 931, 975, 3041, 3727, 3768
- Bella Lusso : 0107, 0124

Tip 손 염색실의 경우 원하는 부위의 색상을 잘라 사용하면 더욱 효과적입니다.

- Rosa : 그린 2, 그린 5, 그린 7, 그린 16
- 검은색 퀼트실, 원단과 동일한 색상의 퀼트실

사용한 자수기법

백 스티치, 블리온 로즈 스티치, 새틴 스티치, 스트레이트 스티치, 프렌치 노트 스티치

사용한 바늘
- embroidery needle 8

To Embroider
수놓는 법

성의 지붕 및 창문은 새틴 스티치를 한 후 가장자리는 검은색 퀼트실로 포인트를 줍니다.

위에서 아래 방향으로 나무와 수를 수놓습니다.

이때 펜스는 45도 각도로 누여서 새틴 스티치를 합니다.

마무리

수를 다 놓은 후 내경 5×6.3cm의 브로치로 완성합니다.

1 브로치 철판을 완성된 자수 뒷면에 놓고, 1cm 여유를 둔 후, 두 겹의 실로 홈질합니다.
2 대칭이 되도록 1의 실을 타이트하게 당깁니다.
3 브로치 판에 글루나 본드로 부착합니다.

Way back home(집으로 가는 길)

전원 속의 집을 주제로 수놓은 손거울입니다.

To Prepare
준비

준비물

사용한 원단
- 15×15cm 리넨

사용한 실
- DMC : ecru, 154, 505, 646, 720, 793, 844, 922, 937, 975, 3777
- DMC 베리에이션 : 4050
- Rosa : 그린 1, 그린 2, 그린 3, 그린 5, 그린 10, 그린 13, 그린 16, 그린 17, 핑크 4, 머스타드
- Bella Lusso : 0107, 0124

Tip 손 염색실의 경우 원하는 부위의 색상을 잘라 사용하면 더욱 효과적입니다.

- 원단과 동일한 색상의 퀼트실

사용한 바늘
embroidery needle 8

사용한 자수기법
백 스티치, 새틴 스티치, 프렌치 노트 스티치

To Embroider
수놓는 법

1 왼쪽의 나무부터 수놓습니다. 나무는 45도 각도로 새틴 스티치합니다. 나무둥치와 꽃의 자수 결 방향은 일러스트를 참조하세요.

2 집은 새틴 스티치로 지붕을 메운 후, 가장자리를 같은 색상의 실로 백 스티치하여 선을 정리합니다.

3 나머지 부분은 새틴 스티치, 백 스티치, 프렌치 스티치로 수놓습니다.

마무리

수를 다 놓은 후 내경 지름 6.8cm의 거울로 완성합니다.

1 거울의 뒷면에 붙일 틀을 완성된 자수 뒷면에 놓고, 1cm 여유를 둔 후, 두 겹의 실로 홈질합니다.

2 대칭이 되도록 1의 실을 타이트하게 당깁니다.

3 거울에 글루건이나 본드로 부착합니다.

Le bassin aux nympheas(수련)

모네의 작품 '수련'에서 나올법한 풍경을 자수로 옮겼습니다.
다양한 꽃을 서로 다른 종류의 실로 표현하지만,
주된 실은 모사로 수놓아서 따뜻함을 더해주었습니다.
실크리본 자수로 입체감을 더해 자연의 풍성함을 표현합니다.

To Prepare
준비

준비물

사용한 원단
- 30×30cm 리넨

사용한 실
- DMC : 358, 433, 435, 646, 844, 987
- Rosa : 노랑 1, 노랑 2, 노랑 4, , 노랑 5, 그린 1, 그린 5, 그린 7, 그린 13, 그린 14, 그린 15, 그린 16, 그린 17, 브라운 5, 브라운 6, 오렌지 1, 오렌지 2, 핑크 1, 핑크 2, 핑크 4, 핑크 20, 보라 1, 보라 6, 보라 9, 민트 1, 민트 2, 블루 4, 블루 7, 아이보리
- 실크 리본 : Tentakulum 7mm 0116, Tentakulum 4mm 0111
- 원단과 동일한 색상의 퀼트실

사용한 바늘
- embroidery needle 8, chenille needle 20

사용한 자수기법

실 : 새틴 스티치, 스트레이트 스티치, 페더 스티치, 프렌치 노트 스티치
리본 : 프렌치노트 앤드 러닝 스티치

To Embroider
수놓는 법

실

1 오른쪽 상단의 나무줄기는 레이지 데이지 스티치와 백 스티치를 합니다.

2 다리 부분은 두 가지 색으로 백 스티치를 합니다.

3 배경의 꽃은 스트레이트 스티치, 프렌치 노트 스티치, 새틴 스티치를 위에서 아래로 순서대로 수놓습니다.

4 돌은 2겹으로 백 스티치를 합니다.

리본

프렌치 노트 앤드 러닝 스티치를 합니다.

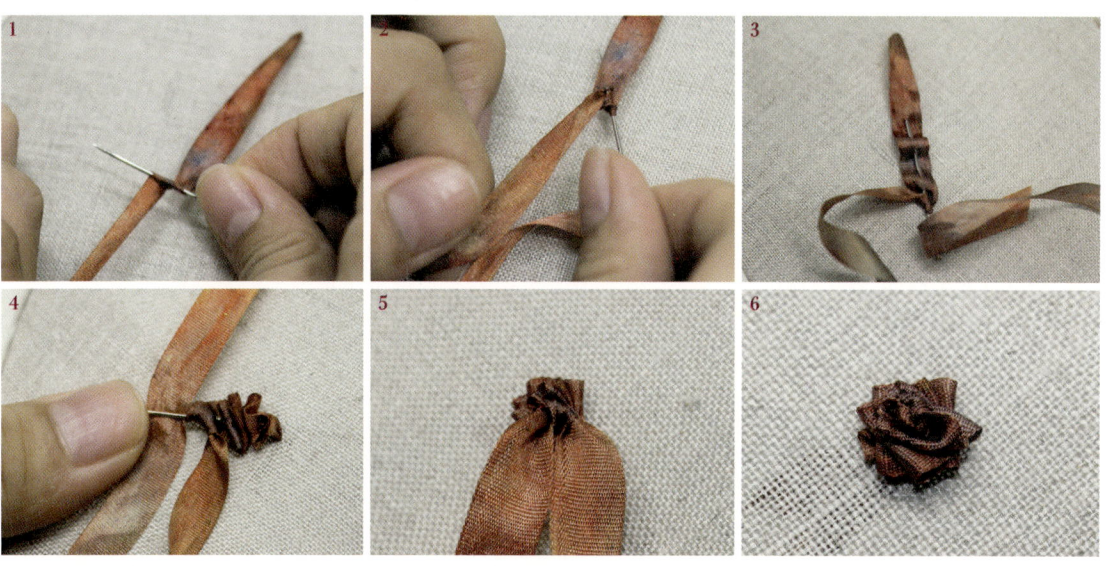

히버성 도안

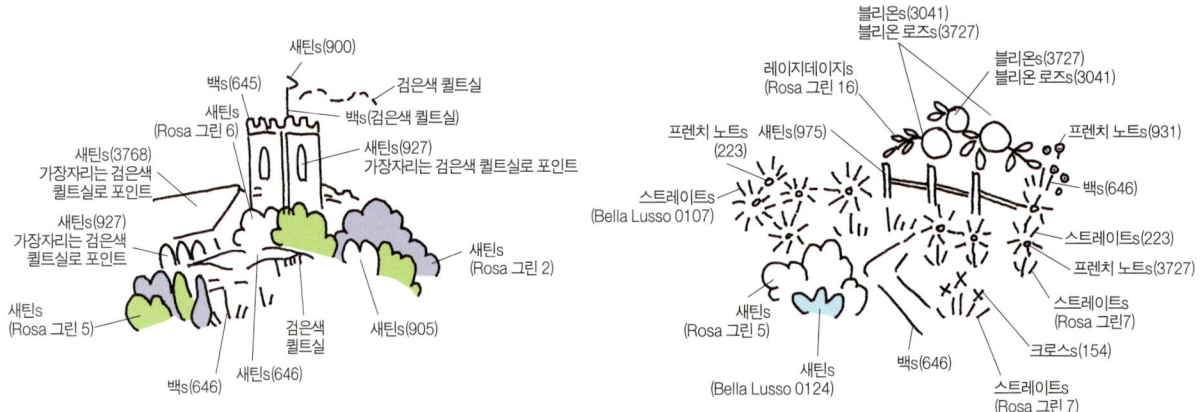

스티치 방향

집으로 가는 길 도안

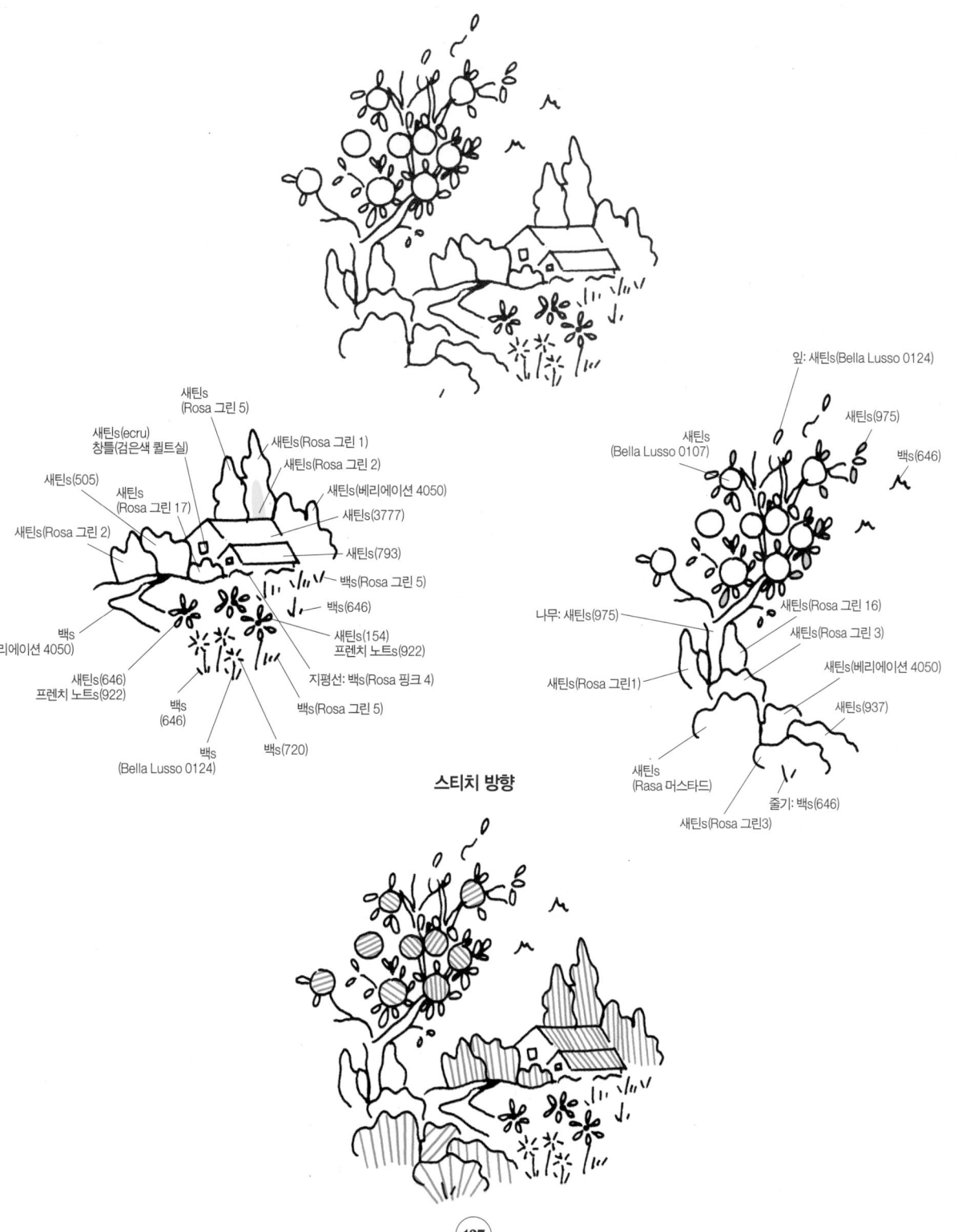

스티치 방향

수련 도안

※이 작품에 주로 사용한 실의 종류는 Rosa입니다. 실 색상번호 숫자로만 표기합니다.
※따로 쓰인 실의 종류가 있을 때에는 표기합니다(예: DMC987).

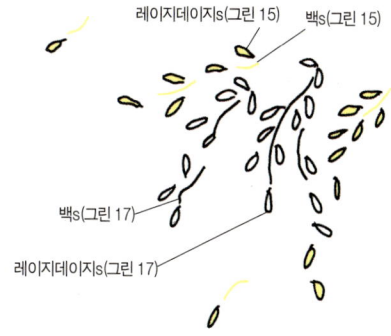

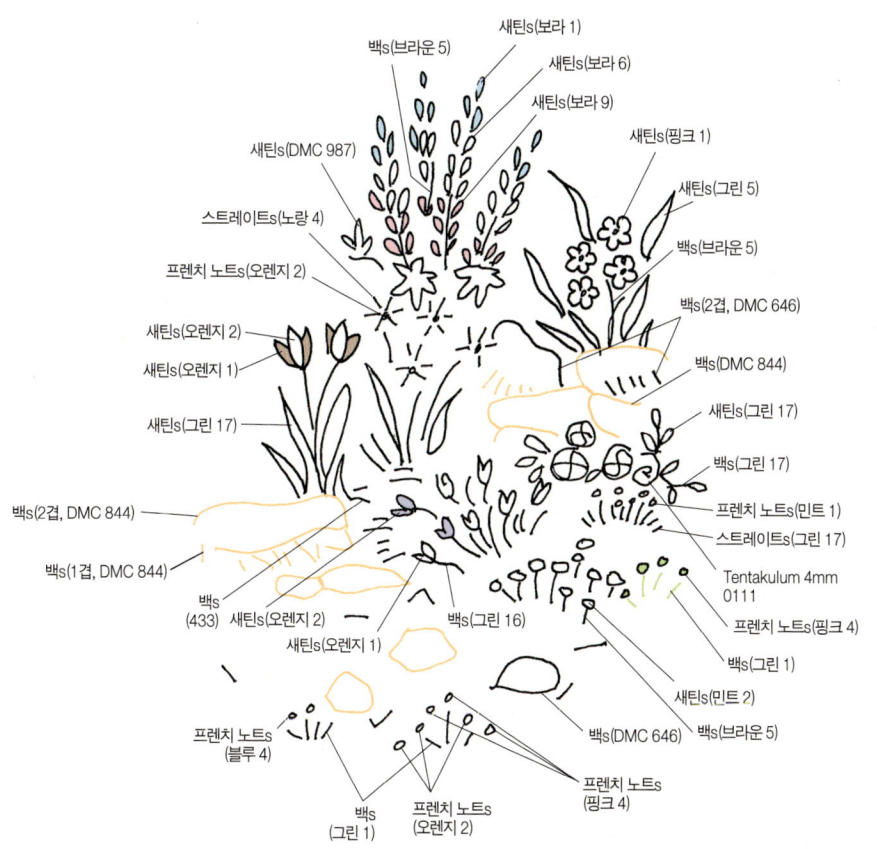

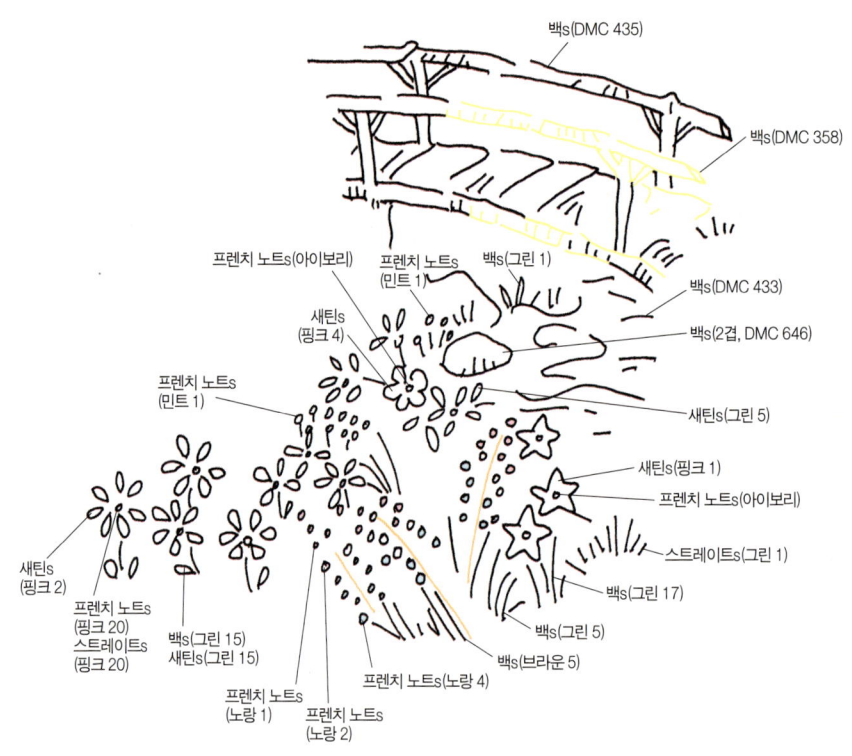

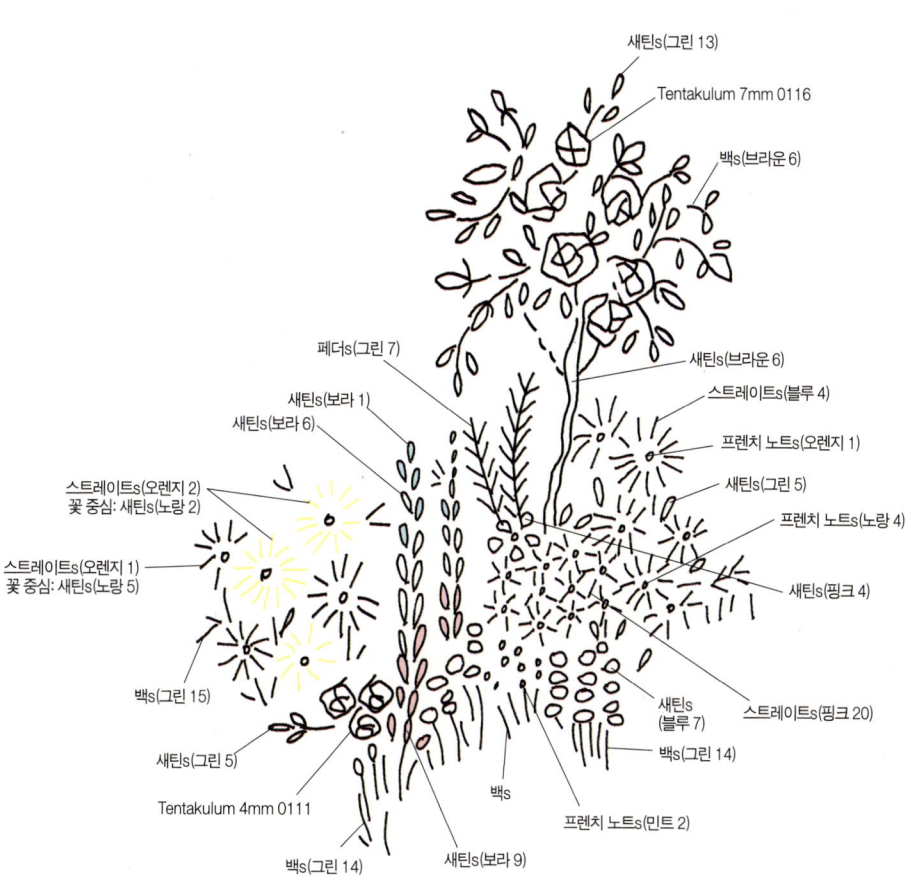

FOR NEEDLEWORK

포 니들워크

바느질을 하는 사람이라면 누구에게나 필요한
바늘, 가위, 실을 위한 케이스를 수를 놓아 만들었습니다.
바느질을 하다 보면 가위가 어디 있는지 이리저리 찾게 되는 경우가 있지요.
이런 경우를 대비하여 가위가 쉽게 눈에 들어오게 하기 위해서
핀쿠션을 손잡이에 달기도 하는데,
이것 역시 자수를 놓아 만들었습니다.

To Prepare
준비

바늘집

> 완성 사이즈 29×15cm(펼친 상태)

> 준비물

사용한 원단
- 33×17cm 리넨

사용한 실
- DMC : 823, 924, 3799
- Rosa : 그린 1, 그린 2, 그린 9, 그린 10, 그린 14, 그린 21, 브라운 2, 브라운 5, 브라운 6, 블루 8
- 원단과 동일한 색상의 퀼트실

사용한 바늘
- embroidery needle 8

- 자가 프린트 되어 있는 폭 1.5mm 리본, 가위 모양 참, 레이스캡 16mm

> 사용한 자수기법

백 스티치, 블리온 스티치, 롱앤드쇼트 스티치, 새틴 스티치

To Embroider
수놓는 법

1 가장 넓은 꽃 부분부터 수놓습니다.
2 줄기 부분은 롱앤드쇼트 스티치를 한 후 DMC 3799 한 줄로 가장자리에 포인트를 줍니다.
3 줄기 아래 동산의 순서로 마무리합니다.

바늘집 도안

※이 작품에 주로 사용한 실의 종류는 Rosa입니다. 실 색상번호를 숫자로만 표기합니다.
※따로 쓰인 실의 종류가 있을 때에는 표기합니다(예: DMC 823).

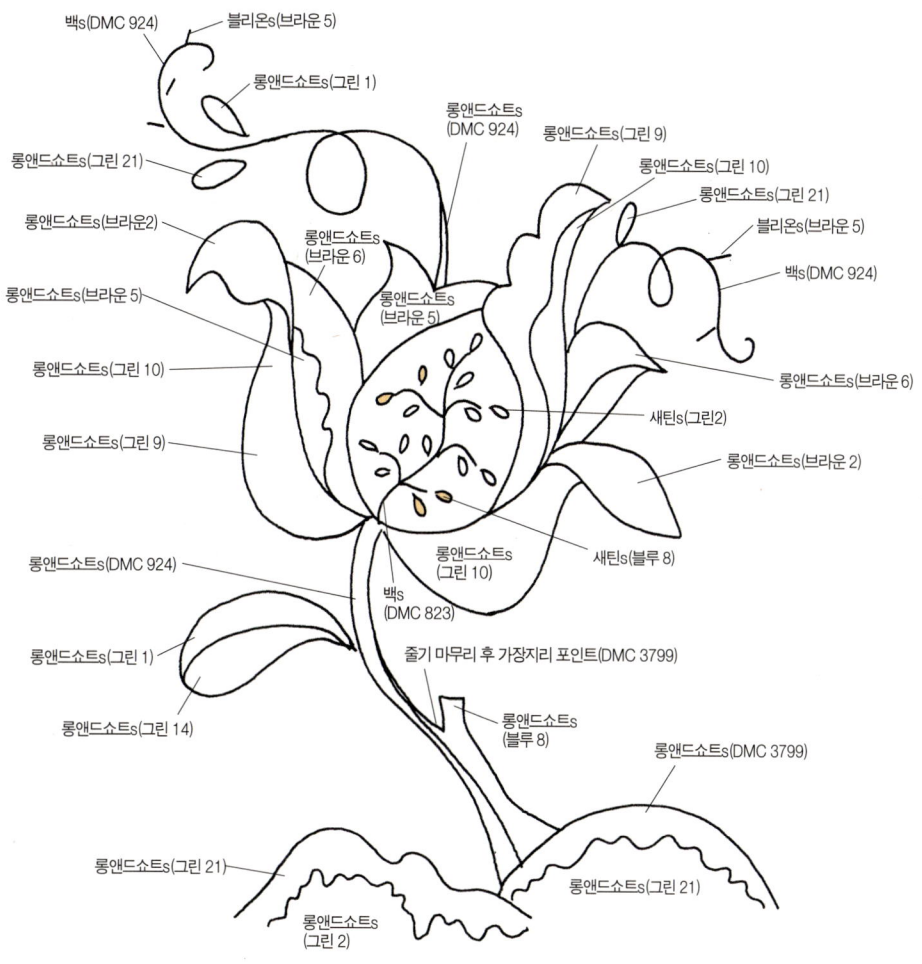

스티치 방향

To Make
만드는 법

광목을 한 장 놓고 수놓기 때문에 따로 심지를 부착하지 않습니다.

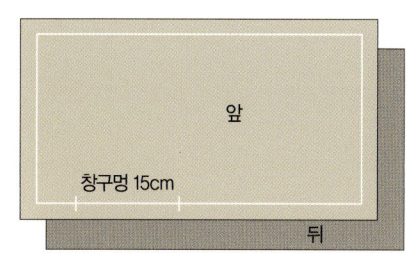 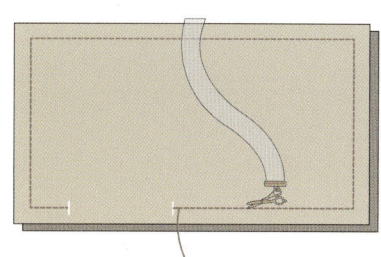

1 수놓은 겉감과 안감에 가로×세로 방향으로 29.5×15cm로 선을 그린 후 가로 부분에 15cm의 창구멍을 내고 박아줍니다.

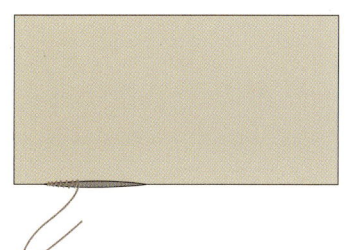

2 완성된 1을 뒤집은 후 공그르기로 창구멍을 막은 다음 다려서 주름을 없앱니다. 다림질할 경우는 작품 위에 광목을 깔고 다려야 합니다. 직접 다릴 경우에는 자국이 남습니다. 다림질을 한 후 절반으로 접어 반나절 동안 무거운 책 아래 깔아 놓습니다.

3 다린 작업 한쪽은 펠트 원단을 핑킹가위로 잘라 부착하여, 바늘이나 시침핀을 꽂고 반대편에는 앤틱 레이스를 달아 가위나 소품을 보관합니다.

4 중심에서 펠트 원단 쪽으로 자 테이프의 위쪽만 고정하여 자를 사용할 수 있도록 달아줍니다. 이때 자 테이프의 아래 부분에 가위 모양의 참에 레이스캡을 연결하여 달아줍니다.

To Prepare
준비

서양식 실패

다양하게 사용하는 실을 정리하여 보관하는 방법으로 적당한 소품입니다.
먼저 수를 놓은 후 마분지를 감싸 모양을 만들고,
쓰임에 따라 지름 2cm의 링을 달아 실을 보관합니다.

완성 사이즈 17×5cm

준비물

사용한 원단
- 26×15cm 리넨

사용한 실
- DMC : 924, 3862
- Rosa : 브라운 2, 브라운 3, 브라운 6, 그린 9, 그린 21, 블루 8
- 원단과 동일한 색상의 퀼트실

사용한 바늘
- embroidery needle 8

- 17×5cm 로열지(일반 마분지를 4합 이상 붙여놓은 마분지 종류) 4합,
  링(비즈가게 또는 단추가게에서 구입)

사용한 자수기법

백 스티치, 새틴 스티치, 스트레이트 스티치, 프렌치 노트 스티치

To Embroider
수놓는 법

왼쪽부터 차례로 수놓습니다.

꽃과 잎은 새틴 스티치하고, 줄기는 백 스티치합니다.

서양식 실패 도안

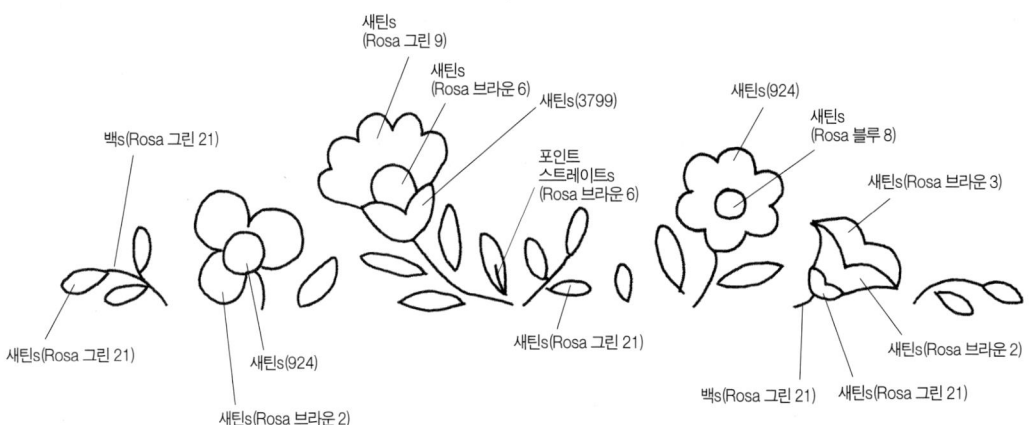

스티치 방향

To Make
만드는 법

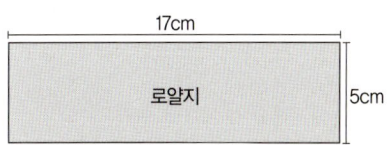

1 로열지를 17×5cm로 잘라 놓습니다.

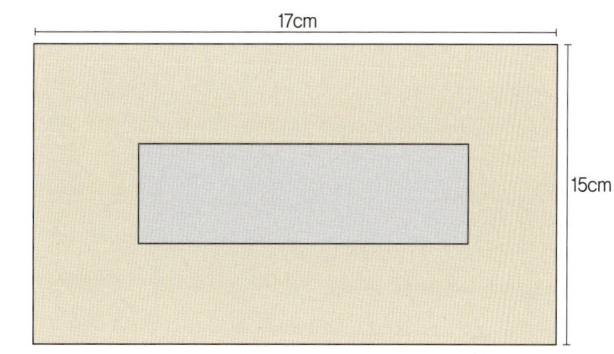

2 26×15cm 위에 수놓아진 원단의 중심에 1의 로열지를 딱풀로 붙입니다. 이때 풀칠은 적당히 고정한다는 개념으로 드문드문 합니다.

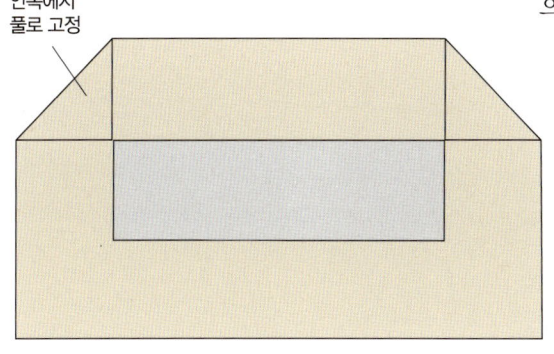

3 로열지 세로 방향의 모서리가 각이 지게 원단을 접어 풀로 고정합니다.

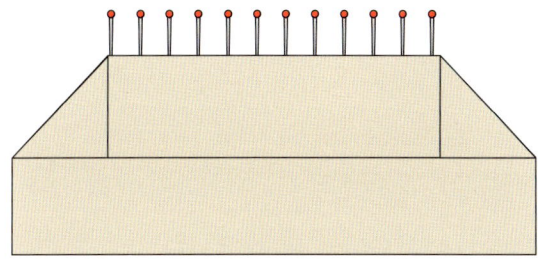 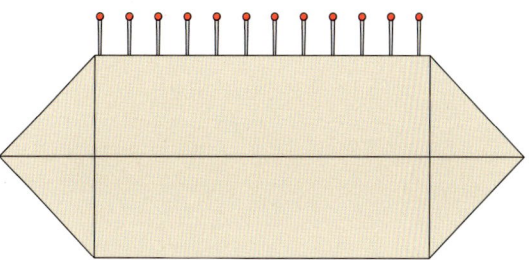

4 로열지 가로 방향의 가장자리에 맞춰 원단을 접은 후 그 위를 시침핀으로 꽂아 원단과 로열지를 고정합니다.

 로열지는 합포 개념의 마분지이므로 시침핀이 잘 들어갑니다. 이때 앞면의 자수가 중앙에 있는지 확인한 후 화살표 방향 안쪽에서 풀로 붙입니다.

To Make
만드는 법

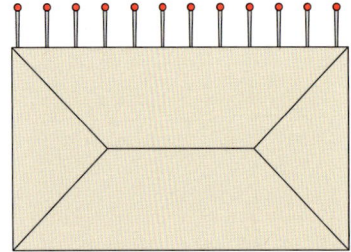

5 세로 방향도 원단으로 로얄지를 감싸면서 풀로 붙입니다.

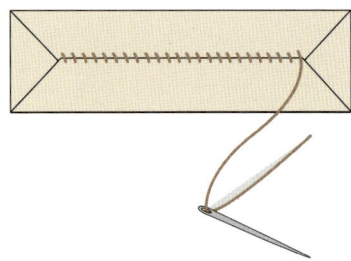

6 나머지 절반 부분도 2~5의 과정을 거친 후 마지막 가로 부분 공정에서는 시접을 0.5cm 접어 풀칠하거나 공그르기하면 됩니다.

 리넨 100%의 경우는 공그르기로 마무리하고, 혼방리넨의 경우는 풀로 고정합니다.

7 완성된 실패에 링을 다는 방법입니다.

7-1 지름 1.2~1.5cm의 오링을 준비합니다.

 오링은 액세서리 DIY 숍에서 구입합니다. 금속 또는 플라스틱 어떤 종류도 상관없습니다. 이 작품의 경우 상아로 만든 앤틱 소품을 사용했습니다.

7-2 원단과 동일색의 퀼트실로 오링을 4~5회에 걸쳐 실패의 가장자리를 떠준 후, 제일 마지막에는 돌려 묶어줍니다.

To Prepare
준비

가위집

준비물

사용한 원단
리넨에 시접 1cm씩 두고 도안을 그립니다.
이때 앞과 뒤를 각각 2장씩 마름질합니다. 안감과 겉감을 같은 원단으로 사용하기 때문입니다.

사용한 실
- DMC : 358, 500, 611, 646, 924, 3787, 3862
- Rosa : 브라운 2, 그린 17, 그린 21
- 원단과 동일한 색상의 퀼트실

사용한 바늘
- embroidery needle 8

- 접착용 심지 : 다리미열로 부착이 가능한 심지

사용한 자수기법

롱앤드쇼트 스티치, 백 스티치 블리온 스티치, 새틴 스티치, 스트레이트 스티치, 아우트라인 스티치, 카우칭 스티치, 크로스 스티치

To Embroider
수놓는 법

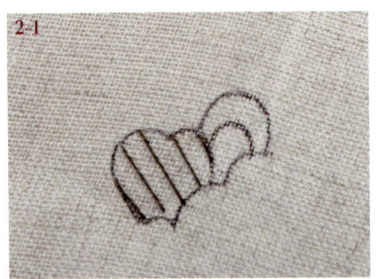

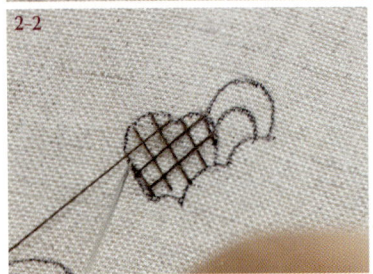

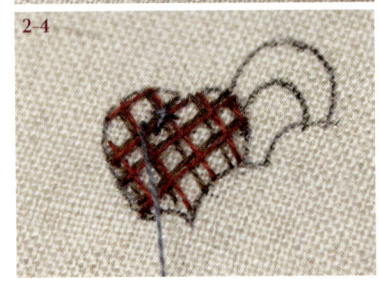

꽃

1 롱앤드쇼트 스티치를 할 부분에 수놓습니다. 이때 2가지 색이 함께하는 부분은 색상이 자연스럽게 연결되어야 합니다.

2 꽃잎 5장 중 중간 부분의 꽃잎은 2가지 색상으로 불리온 스티치로 수놓는데 한 색상씩 번갈아가며 불리온 스티치를 합니다. 아래 부분은 프렌치 노트 스티치를 2회 감아 촘촘히 면을 채웁니다.
카우칭 스티치를 하는 꽃잎은 사진을 참고하세요.
위의 부분은 4가지 색이 사용됩니다, 사진처럼 2가지 색의 실을 사용해 격자무늬를 만든 후 중간 부분을 크로스 스티치로 고정합니다.
가장자리는 스트레이트 스티치를 합니다.

잎

큰 잎은 롱앤드쇼트 스티치를 하고, 작은 잎은 새틴 스티치를 합니다.

줄기

오른쪽부터 그림을 참고하며 면을 아우트라인 스티치로 메웁니다. 넝쿨 부분은 백 스티치로 완성합니다.

가위집 도안

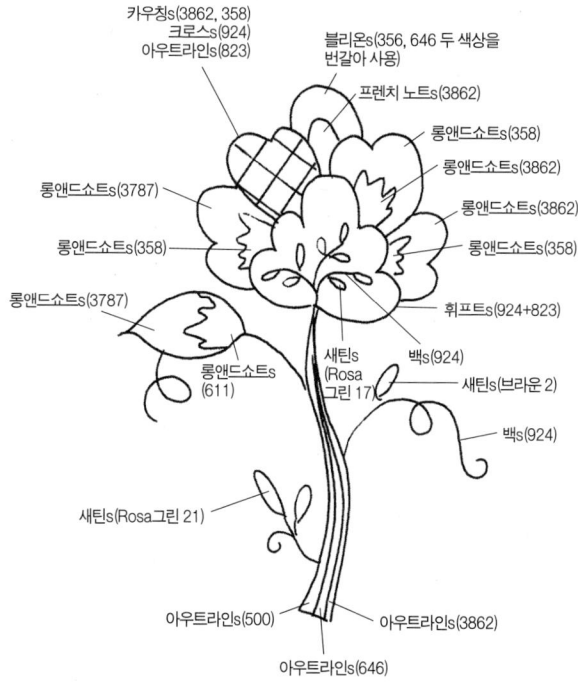

가위집 패턴

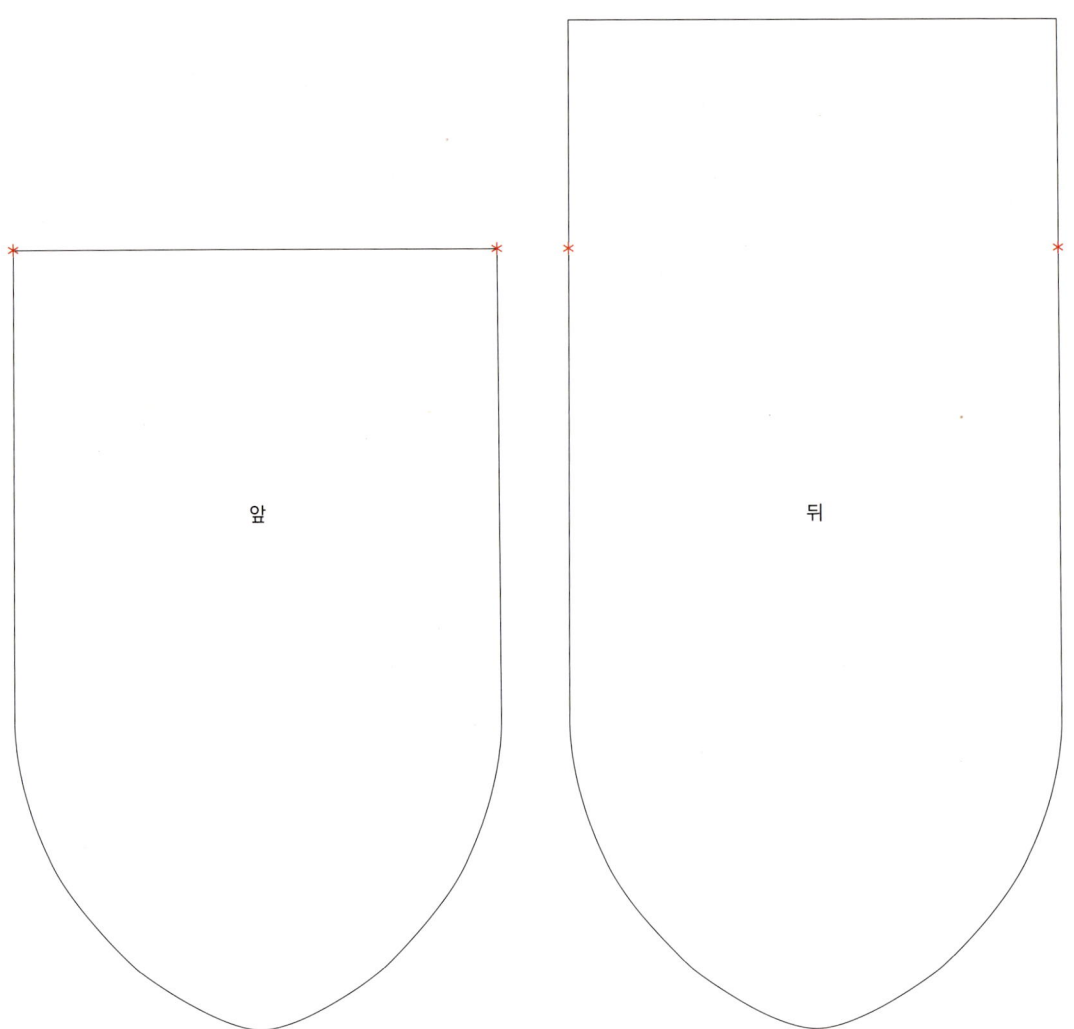

To Make
만드는 법

앞면

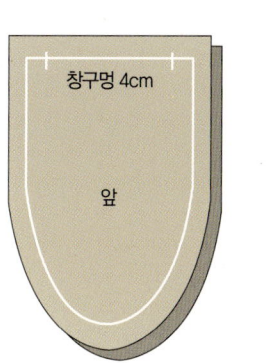
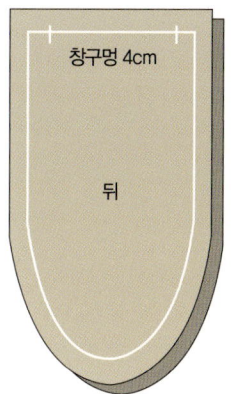

1 심지를 여유분 없이 패턴대로 자릅니다.

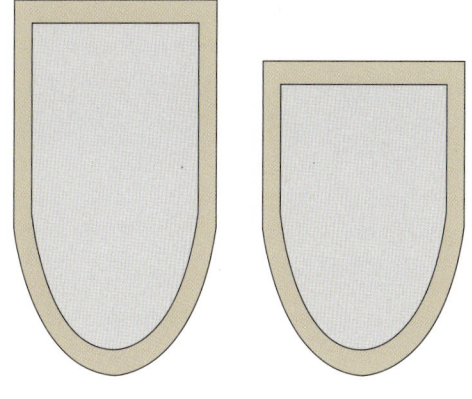

2 안감에 심지를 부착합니다.

 작은 소품의 경우는 심지는 안감에 붙입니다. 그 이유는 안과 겉을 박아 뒤집을 때 주름이 바깥 부분에 생기는 분량을 줄이기 위함입니다.
큰 작품의 경우 창구멍 사이즈가 넉넉하지만 작은 소품의 경우 그렇지 않다는 것을 유념하면 이해가 쉽습니다.

To Make
만드는 법

뒷면

3 앞면의 1~2까지의 공정과 같습니다.

4 위의 작업들을 겉과 안의 겉 부분이 마주하도록 놓은 후 창구멍을 제외하고 박음질합니다.

 이 경우 박음선이 심지를 박지 않도록 주의합니다.

5 4를 뒤집어 각자의 창구멍을 공그르기로 막은 후 패턴에서 제시한 별표를 앞면과 뒷면의 바깥 부분에 다시 표시한 후 별표를 맞추어 가며 원단과 동일한 퀼트실로 공그르기합니다.

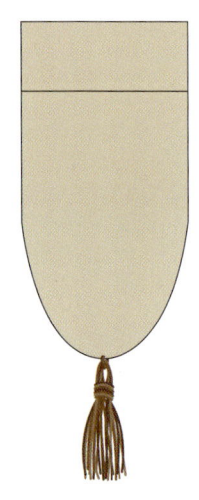

6 태슬을 만들어 바늘 끝에 달아 가위집 아래에 고정합니다.

To Make
만드는 법

 태슬(길이 4.cm) 만들기

DMC 358, 611, 869를 각각 45cm씩 준비한 후 사진과 같이 만들어줍니다.

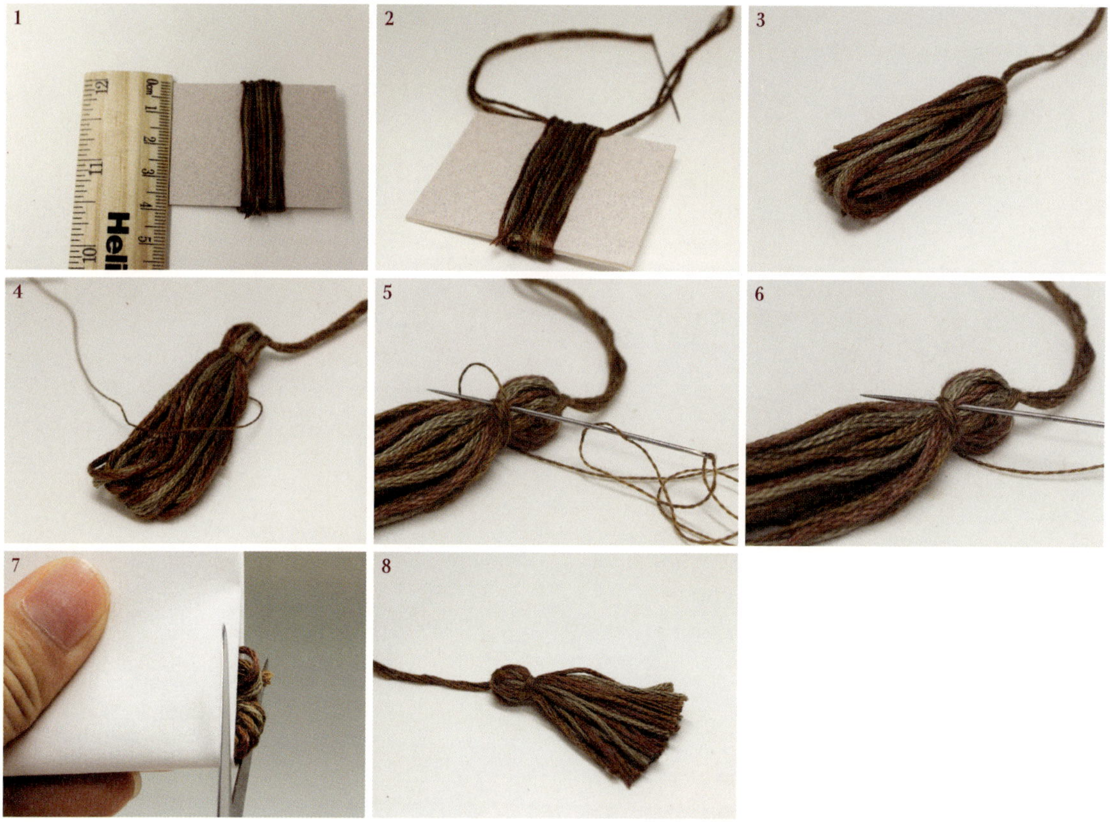

To Prepare
준비

미니 핀 쿠션

미니 핀 쿠션을 만들어 가위 손잡이에 연결하였습니다.
바느질을 하다 보면 가위를 찾는 일이 한두 번이 아니었답니다.
그래서 미니 핀쿠션을 가위와 연결해 보았습니다.
가위와 바늘 그리고 시침핀을 꽂는 핀 쿠션이 함께 하면서 특별한 바느질 도구가 되었습니다.

완성 사이즈 5×5cm

준비물

사용한 원단
● 15×15cm 리넨

사용한 실
● DMC : 924, 3799
● Rosa : 그린 9, 그린 21, 브라운 6, 블루 8, 머스타드
● 원단과 동일한 색상의 퀼트실

사용한 바늘
● embroidery needle 8

핀 쿠션과 가위 손잡이를 연결하는 코드 만드는 법

358, 611, 869 색상의 DMC사를 각각 50cm씩 준비해서 사진과 같이 꼬아줍니다.

사용한 자수기법

롱앤드쇼트 스티치, 새틴 스티치, 크로스 스티치, 프렌치 노트 스티치

To Embroider
수놓는 법

면은 모두 롱앤드쇼트 스티치로 메우고, 열매 끝부분은 프렌치 노트 스티치를 합니다.

중앙의 작은 점은 새틴 스티치를 한 후 강조할 부분은 크로스 스티치를 합니다.

미니 핀 쿠션 도안

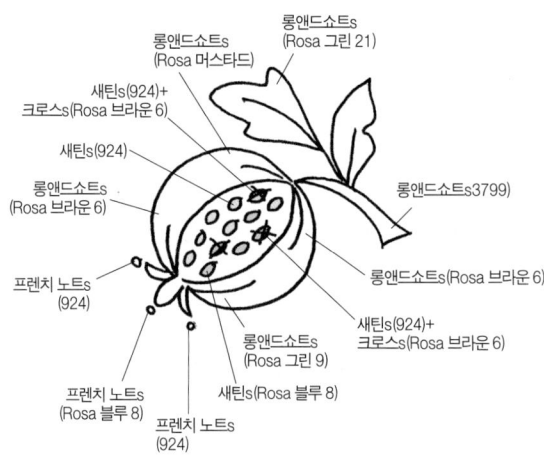

To Make
만드는 법

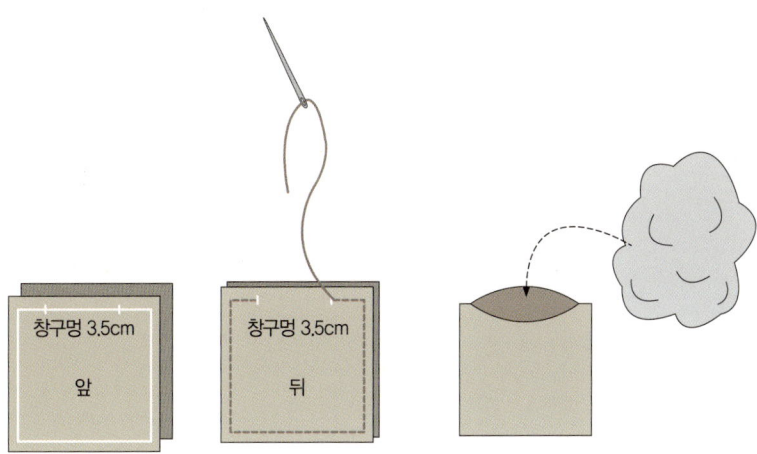

1 자수를 놓은 부분의 겉과 나머지 부분의 겉을 마주한 후 3.5cm 창구멍을 내고 박은 후 뒤집어 솜을 넣습니다.

2 창구멍 부분에 23cm의 만든 코드를 반으로 접어 끼워 공그르기 합니다.

JANUARY

Mo	Tu	We	Th	Fr	Sa	Su
						1
2	3	4	5	6	7	8
9	10	11	12	13	14	15
16	17	18	19	20	21	22
23	24	25	26	27	28	29
30	31					

FEBRUARY

Mo	Tu	We	Th	Fr	Sa	Su
		1	2	3	4	5
6	7	8	9	10	11	12
13	14	15	16	17	18	19
20	21	22	23	24	25	26
27	28					

MARCH

Mo	Tu	We	Th	Fr	Sa	Su
		1	2	3	4	5
6	7	8	9	10	11	12
13	14	15	16	17	18	19
20	21	22	23	24	25	26
27	28	29	30	31		

APRIL

Mo	Tu	We	Th	Fr	Sa	Su
					1	2
3	4	5	6	7	8	9
10	11	12	13	14	15	16
17	18	19	20	21	22	23
24	25	26	27	28	29	30

MAY

Mo	Tu	We	Th	Fr	Sa	Su
1	2	3	4	5	6	7
8	9	10	11	12	13	14
15	16	17	18	19	20	21
22	23	24	25	26	27	28
29	30	31				

JUNE

Mo	Tu	We	Th	Fr	Sa	Su
			1	2	3	4
5	6	7	8	9	10	11
12	13	14	15	16	17	18
19	20	21	22	23	24	25
26	27	28	29	30		

JULY

Mo	Tu	We	Th	Fr	Sa	Su
					1	2
3	4	5	6	7	8	9
10	11	12	13	14	15	16
17	18	19	20	21	22	23
24	25	26	27	28	29	30
31						

AUGUST

Mo	Tu	We	Th	Fr	Sa	Su
	1	2	3	4	5	6
7	8	9	10	11	12	13
14	15	16	17	18	19	20
21	22	23	24	25	26	27
28	29	30	31			

SEPTEMBER

Mo	Tu	We	Th	Fr	Sa	Su
				1	2	3
4	5	6	7	8	9	10
11	12	13	14	15	16	17
18	19	20	21	22	23	24
25	26	27	28	29	30	

OCTOBER

Mo	Tu	We	Th	Fr	Sa	Su
						1
2	3	4	5	6	7	8
9	10	11	12	13	14	15
16	17	18	19	20	21	22
23	24	25	26	27	28	29
30	31					

NOVEMBER

Mo	Tu	We	Th	Fr	Sa	Su
		1	2	3	4	5
6	7	8	9	10	11	12
13	14	15	16	17	18	19
20	21	22	23	24	25	26
27	28	29	30			

DECEMBER

Mo	Tu	We	Th	Fr	Sa	Su
				1	2	3
4	5	6	7	8	9	10
11	12	13	14	15	16	17
18	19	20	21	22	23	24
25	26	27	28	29	30	31

달력

한해를 시작하기 몇 달 전부터 구상하는 것이 자수달력입니다.
프린트가 되어 있는 달력에 수를 놓는 것도 매력적이지만
집에서 전사용지나 A4용지로 출력해서 만드는 것도 가능합니다.

To Prepare
준비

꽃바구니 달력

준비물

사용한 원단
- 21×26cm 리넨

사용한 실
- DMC : 223, 434, 3041, 3363, 3727, 3743, 3862
- 원단과 동일한 색상의 퀼트실

사용한 바늘
- embroidery needle 8

- 15×20cm 로얄지 4합, 재접착풀, 딱풀

사용한 자수기법

백 스티치, 새틴 스티치

완성 사이즈

- 자수 완성 사이즈 15×20cm
- 프린트된 달력 사이즈 8×7.5cm

To Embroider
수놓는 법

바구니는 칸마다 어긋나게 새틴 스티치를 하고 손잡이는 백 스티치합니다.

바구니의 제일 아래 부분은 2겹으로 백 스티치로 선을 정리합니다.

꽃은 색상별로 새틴 스티치를 하고, 리본은 도안의 결 방향대로 새틴 스티치합니다.

To Make
만드는 법

1 준비된 두꺼운 종이 위에 자수를 감싸서 고정합니다.

2 달력을 프린트해서 자른 다음 재접착풀(포스티잇의 효과가 있는 풀입니다. 한 장씩 달력종이를 떼어내도 자국이 생기지 않습니다)로 12달을 차례로 붙인 다음 자수 뒷면은 일반 딱풀로 고정합니다.

To Prepare
준비

쏘잉 달력

준비물

사용한 원단
- 25×30cm 리넨

사용한 실
- DMC : 223, 434, 562, 782, 900, 905, 924, 3041, 3687, 3727, 3787, 3799, 3812
- 검은색 퀼트실, 원단과 동일한 색상의 퀼트실

사용한 바늘
- embroidery needle 8

- Dress it up(tiny sewing) 단추(퀼트 숍에서 구입 가능), 비즈
- 전사용지(사용하는 프린트기에 적합한 전사용지를 구매 후 달력을 프린트해서 사용합니다)

사용한 자수기법

백 스티치, 새틴 스티치

완성 사이즈

완성 사이즈 19×30cm

To Embroider
수놓는 법

재봉틀

안쪽의 꽃부터 새틴 스티치와 백 스티치를 합니다.

재봉틀 라인은 두 겹으로, 부속이나 바늘은 한 겹으로 백 스티치합니다.

핀쿠션과 수틀 그리고 실패

동그라미 부분은 새틴 스티치를 하고 나머지는 백 스티치 한 후, 시침핀 위에 비즈를 달아줍니다.

To Make
만드는 법

마무리

준비된 자수 부분에 전사용지를 이용해서 달력을 전사합니다(반드시 포함된 사용 설명서의 순서대로 사용하세요).

뒷지 리넨의 겉과 겉을 마주한 후 창구멍을 20cm 이상 두고 박은 다음, 뒤집어 준 후 창구멍은 공그르기로 막아줍니다.

장식 단추를 달아줍니다.

도안

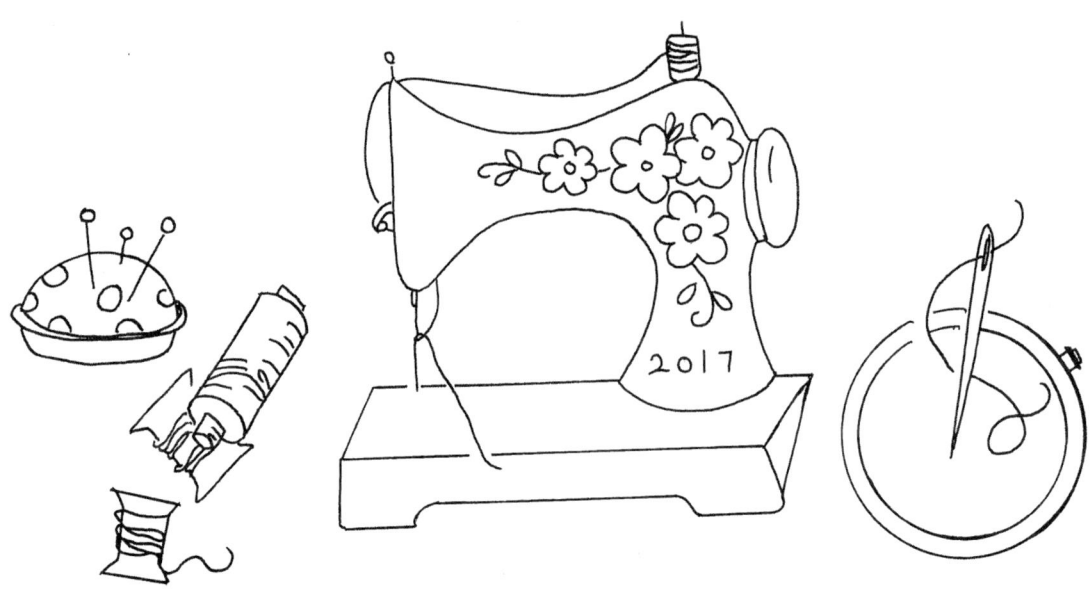

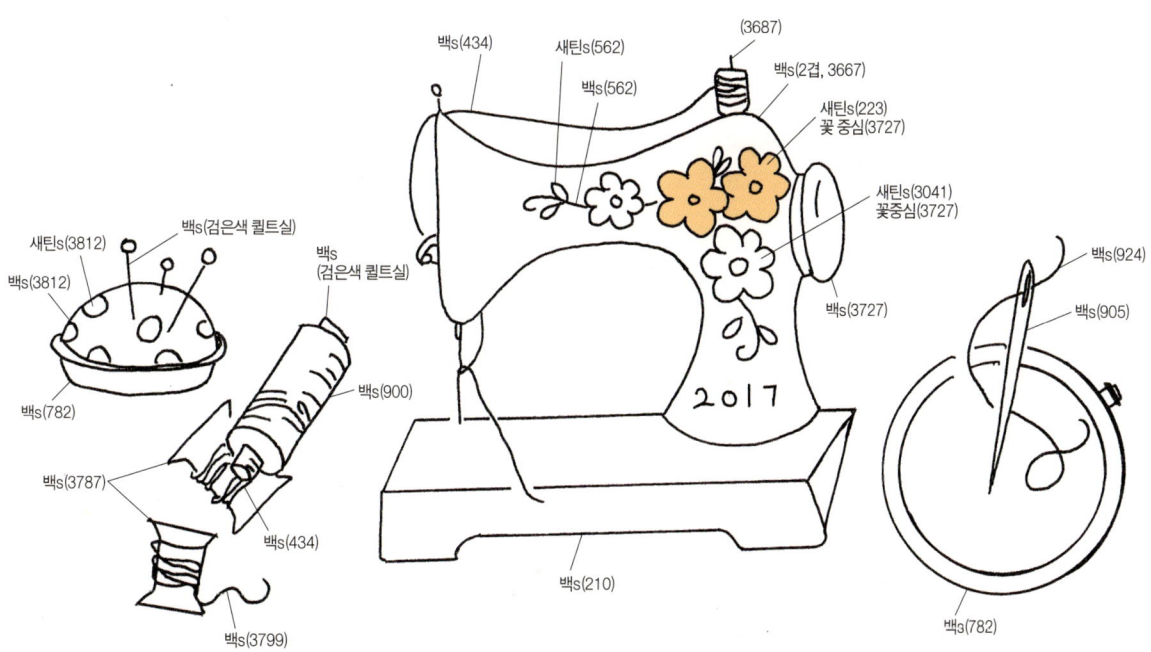

장식용 벽걸이

알파벳으로 수를 놓고 리본으로 꽃을 만들어 장식용 벽걸이를 만들었습니다.
제 블로그의 대문 제목이 'be happy'이고,
인스타그램의 대문 제목이 '2 happy'이기에 이 단어를 선택했지만,
무엇보다도 자수와 함께 행복하기 때문입니다.

To Prepare
준비

준비물

사용한 원단
● 자수용 55×18cm 리넨, 뒷지용 55×18cm 리넨

사용한 실
● H_ Rosa : 노랑 1, 노랑 2, 노랑 4, 그린 15, 그린 17
● A_ Rosa : 오렌지 1, 오렌지 3, 오렌지 5, 핑크 14, 그린 13, 그린 15
● P_ Rosa : 핑크 11, 보라 1, 보라 6, 보라 9, 그린 13, 그린 14
● Y_ Rosa : 블루 3, 블루 4, 블루 5, 블루 9, 그린 1, 그린 2
● Mokuba 리본 , 1544-2, 1544-4, 1544-5, 1544-9, 1544-10
● 원단과 동일한 색상의 퀼트실

사용한 바늘
● embroidery needle 8

● 라이터, 벽걸이용 장식(퀼트 숍이나 엔틱 숍에서 구매), 테슬(인테리어 숍에서 구매)

사용한 자수기법

실 : 백 스티치, 새틴 스티치, 프렌치 노트 스티치
리본 : 리본 꽃 만들기 (35-1~35-6)

완성 사이즈 16×45cm

To Embroider
수놓는 법

가장 위의 글자인 H부터 아래로 향하게 수놓습니다.

새틴 스티치, 프렌치 노트 스티치, 백 스티치로 실 작업을 마친 후 리본 꽃을 H부터 Y까지 차례로 부착합니다.

 리본 끝을 라이타로 지져 실을 당길 시에 위와 아래 중 어느 쪽 실을 당기느냐에 따라 리본 꽃의 색상이 변경됩니다. 그 이유는 리본 제작에 사용되는 실이 그라데이션이 되어 있기 때문입니다. 예를 들어 중심 부분이 진한 꽃을 만들려면 리본의 진한 쪽 실을 당기면 됩니다.

To Make
만드는 법

1 완성 사이즈대로 자수가 중앙에 위치하도록 본을 그려 마름질하고 창구멍은 옆 부분에 내고 박은 후 뒤집습니다. 이때 아래에 태슬이 달릴 부분 1cm는 남긴 채 박습니다.

2 표면을 다림질한 후 완성합니다.

3 태슬을 달고, 남겨진 1cm는 공그르기를 합니다.

4 제일 위쪽에 고정장식을 달아줍니다.

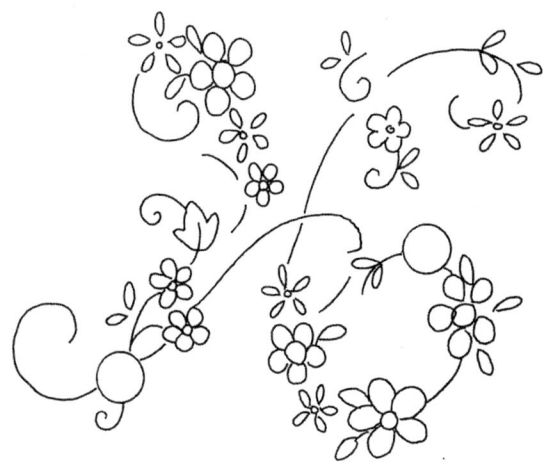

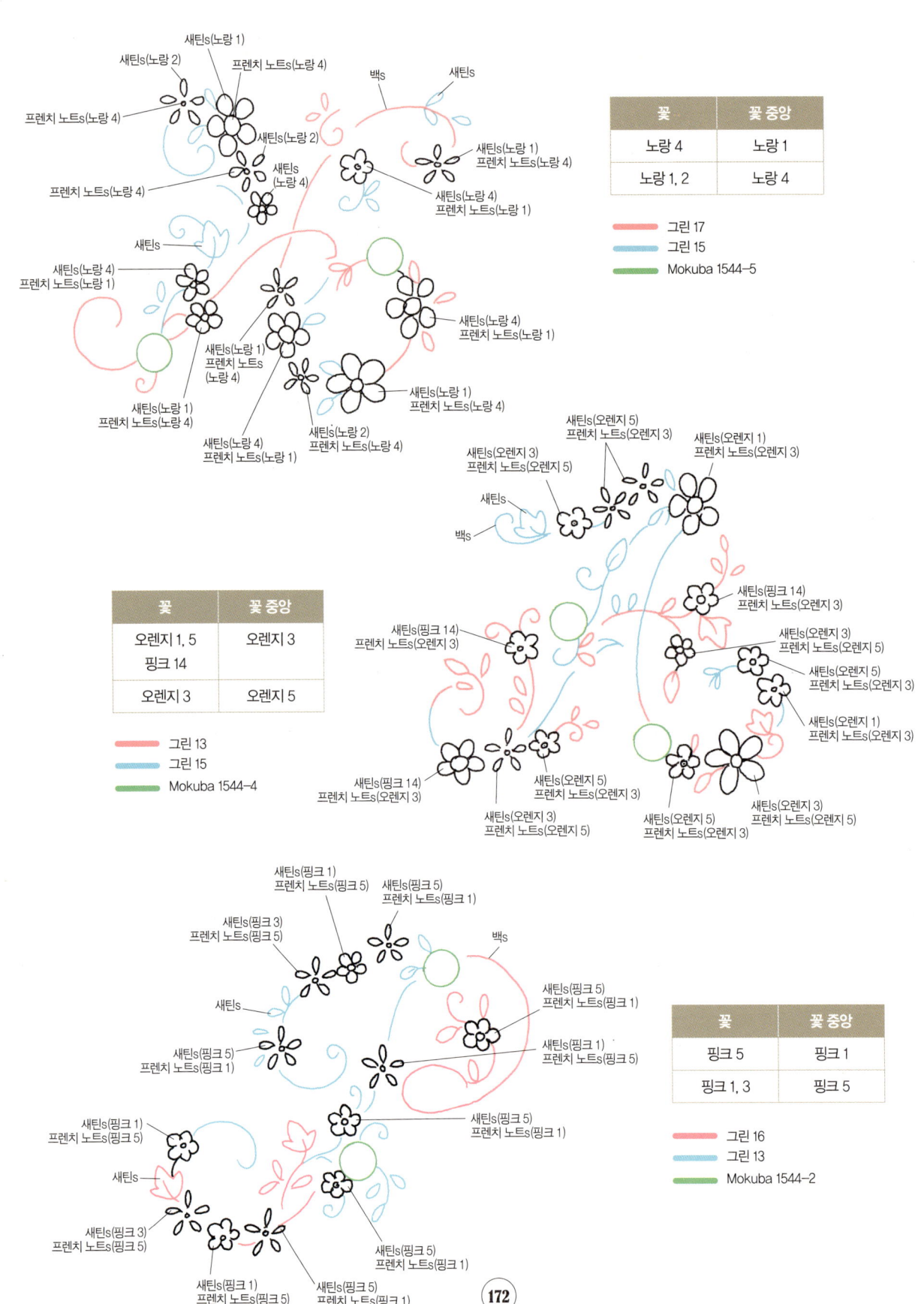

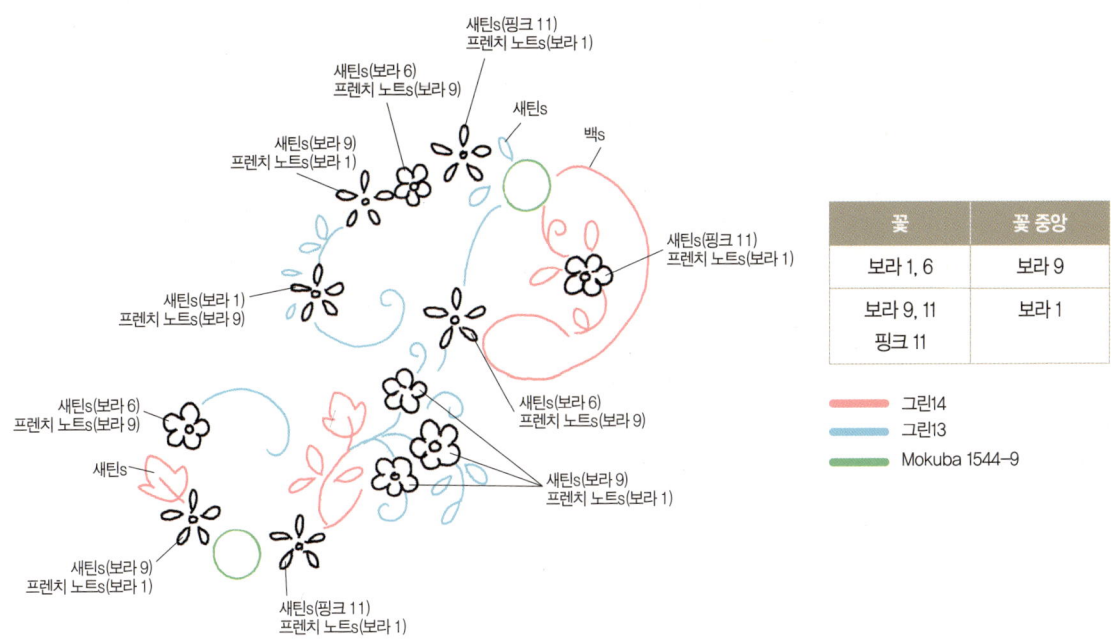

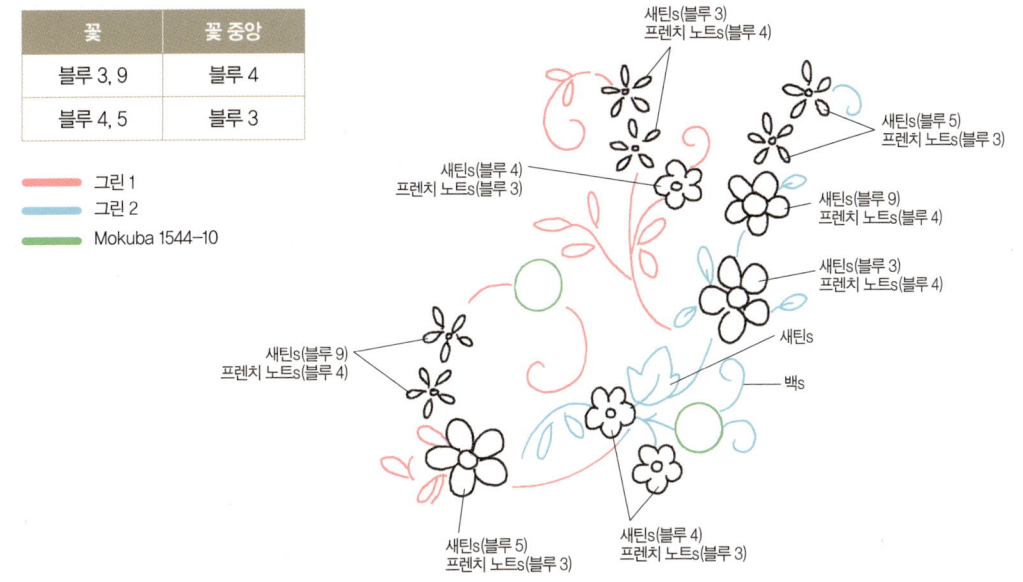

마
치
는
말

마음에 담은 것을 실로 표현하는 것이 자수라고 생각합니다.

지금까지는 손이 가는 대로 수를 놓았다면,
최근 몇 달은 개념을 정리하는 시간들이었습니다.

자수에 대한 호기심으로 시작하여
함께한 시간들은 오래되었지만

책을 작업하며 느낀 부족함을 계기로
오늘부터는 초심의 자세로
바늘과 실의 친구가 되려합니다.

끝으로
두서없는
내용을 읽어주신
취향 있는 여러분께 감사드립니다.

**바늘과 실이 함께하는
앤틱 자수**

초판 1쇄 발행 2016년 11월 5일

지은이 허연경
펴낸이 이지은 **펴낸곳** 팜파스
기획·진행 이진아 **편집** 정은아
디자인 조성미 **마케팅** 정우룡
인쇄 (주)미광원색사

출판등록 2002년 12월 30일 제 10-2536호
주소 서울특별시 마포구 어울마당로5길 18 팜파스빌딩 2층
대표전화 02-335-3681 **팩스** 02-335-3743
홈페이지 www.pampasbook.com | blog.naver.com/pampasbook
이메일 pampas@pampasbook.com

값 15,800원
ISBN 979-11-7026-121-6 (13590)

ⓒ 2016, 허연경

· 이 책의 일부 내용을 인용하거나 발췌하려면 반드시 저작권자의 동의를 얻어야 합니다.
· 잘못된 책은 바꿔 드립니다.

이 도서의 국립중앙도서관 출판시도서목록(CIP)은 서지정보유통지원시스템 홈페이지
(http://seoji.nl.go.kr)와 국가자료공동목록시스템(http://www.nl.go.kr/kolisnet)에서 이용
하실 수 있습니다.(CIP제어번호: CIP2016024315)